この国を守り抜け

中国の民主化と日本の使命

大川隆法
RYUHO OKAWA

まえがき

アジアを取り巻く外交は風雲急を告げている。

特に、先の尖閣列島の漁船事件以降、日本外交は根本から揺さぶりを受けている。

鳩山・菅と二代続いた民主党政権の外交の無為無策、無能ぶりは、目をおおうばかりである。

マスコミも、中国に帰依して、国民を真実から遠ざけるのは、もうやめた方がよい。日本が北朝鮮や中国と同質の国家に感じられるのは、もうごめんである。

今こそ、この国を守り抜き、保守回帰をなしとげるべき時である。

二〇一〇年　十月十九日

幸福実現党創立者兼党名誉総裁　大川隆法

この国を守り抜け　目次

第1章　この国を守り抜け

第4章　危機の十年を迎え撃て

第5章　宗教の復活

本書は、二〇一〇年に行った幾つかの説法をとりまとめ、加筆したものです。

第1章

この国を守り抜け

2010年5月3日
神奈川県・川崎市教育文化会館

1 『危機に立つ日本』は、国難打破を訴えた書

本章では、私の著書『危機に立つ日本』（幸福の科学出版・二〇一〇年四月発刊）をもとに、今日の政治状況について思うところを述べていきます。

この本は、かなり重い内容を含んでおり、すらすらと読めるものではないかもしれません。さらっと書かれているなかに、けっこう重い言葉が入っています。

また、予言に満ちた内容にもなっています。この本は、昨年秋、民主党政権がまだ本格的に始動していなかった段階で、私が政権の行方を予測したものであり、民主党にとっては、かなり手厳しい警告になっていると思います。しかし、流れは、確実にこの方向に向かいつつあります。

さらに言えば、私は、すでに、昨年五月の段階で、「まもなく国難が近づいてくる」ということを感知していました。だからこそ、決起して、幸福実現党を立党したわけです。

ただ、その年の衆院選においては、幸福実現党は勝利を得ることができず、われわれの志すところを実現することができませんでした。そのため、現時点では、やや、〝不幸の予言者〟となってしまっていることを非常に残念に思います。

しかし、そうだとしても、人間には、「変えられない未来」と「変えられる未来」があります。多くの人の力を合わせれば、「変えていける未来社会」というものはあるのです。

「どうしても変えられない未来」はあるとしても、「変えられる未来」もあるわけですから、私たちとしては、できるかぎり、よい方向へと物事を進めていきたいと考えています。

私は、同じ本の冒頭(ぼうとう)において、「欧米(おうべい)には、新政権発足(ほっそく)に当たって、〝百日ルール〟というものがある。私も、しばらくは、どのようにするかを見ていよう」ということを述べていますが、ページが進むにつれて、鳩山(はとやま)前首相あるいは民主党に対して、だんだん厳しくなっています。

結局のところ、私は、「組織は、トップ一人の問題である」と考えています。組織は、トップが、「右」と言えば右、「左」と言えば左に動いていくものなので、やはり、「責任は、国の長である総理大臣にある」と考えているのです。

2　日本人には、「平和ボケ」と「甘え」がある

幸福実現党は、「外交の危機」をすでに警告していた

『危機に立つ日本』には、さまざまなことが書かれていますが、結局、どのような危機を感知し、警告していたかというと、順序はいろいろあるかもしれませんが、まずは「外交の危機」です。

今年五月、沖縄の普天間基地問題が大きな山場を迎え、最大の問題になっていましたが、これは、その一年前から、すでに予想されていた事態でした。

そのため、幸福実現党は、昨年夏の衆院選において、「民主党政権が誕生すると、外交の危機が来る。にもかかわらず、民主党を、国民の大多数が支持し、マ

スコミが応援するのは、いったい、どういう結果を呼ぶか、考えてのことなのか」ということを訴えたのです。

しかし、大多数の国民にとっては、まだ起きてもいないことについて考える余裕はなかったようです。

「日本の世論」と「中国・北朝鮮の動き」に見られる考え方の違い

本年の五月三日、「憲法記念日」にちなんで、ある大手新聞は、「『憲法九条を改正せずに、そのまま維持せよ』と言っている人が六十七パーセントいる」というような記事を載せていました。また、別の大手新聞は、全面広告で、市民団体風に大勢の名前を載せ、「平和を守り、憲法を守り、死なずに生きていきたい」というような意見広告を掲載していました。憲法記念日に、いろいろな意見が出るのは結構かと思います。

ただ、同じときに、北朝鮮(きたちょうせん)と中国が接する国境の辺りでは、中国の国境警備部門が、最大級の厳戒態勢(げんかいたいせい)に入っていました。それは、「北朝鮮の指導者である金(キム)正日(ジョンイル)氏が特別列車で何年かぶりに中国入りする」と予想されていたからです。

実際、その四日後、中国の新華社通信(しんかしゃつうしん)は、「北朝鮮の金正日労働党総書記が、五月三日から七日にかけて、中国を非公式訪問した」と発表しました。

なぜ、金正日氏は中国入りしたのでしょうか。予想される結論は一つです。それは、「北朝鮮はまたミサイル発射実験を行う可能性がある」ということです。

つまり、ミサイル発射実験をするに当たり、中国の承認を取りに行ったのだと思います。

すなわち、「ミサイル発射実験をしたあと、北朝鮮がアメリカから攻撃(こうげき)などを受けないよう、中国に上手に対応してもらう」ということや、「経済制裁がなされても、中国から、食糧やエネルギー等を裏で供給してもらう」ということなどの保証を取り付けておきたかったのでしょう。また、万一のときのために、北朝鮮と中国との軍事同盟が継続していることを、直接会って確認しておきたかったのでしょう。

こうした目的のために、金正日氏は、リスクを冒して中国入りしたのだと推定されます。（もちろん三男を後継者に指名する内諾のとりつけも考えられる。）

一方、日本では、「憲法九条で『不戦の誓い』をしているため、日本の平和を守ることができた」という話をしているような状況なので、向こうとこちらとでは、かなり考え方が違うようです。

物事には、やはり客観的な動きというものがあります。それを見て、その奥にある「指導者の心のあり方、あるいは考え方」を推定しなければいけません。これが科学的なものの考え方だと思います。

北朝鮮や中国には通用しない日本の〝平和主義〟

中国と日本は、今、経済レベルでは、非常に濃厚な関係になっています。また、日本には、財界に先導されるかたちで、「中国と友好関係を深めよう」という動きも強くあります。

しかし、現在、中国は、経済がかなり国を引っ張っていますが、政治のほうでは、なかなか難しい問題をまだまだ数多く残しているように思います。

したがって、今、「日本だけが平和であればよい。死にたくはない。戦争はしたくない。憲法は変えたくない」というような〝平和主義〟を唱えている人に対して、私は、このように述べたいと思うのです。

「〝平和主義〟も結構だと思いますが、それならば、北朝鮮の金正日氏に、憲法九条を採用するように、ぜひ言ってください。彼を説得できるものなら、どうか、してみてください。あるいは、中国の指導部に、『あなたがたも平和憲法を採用するように』と、どうか言ってみてください」

もし、それで彼らを説得できるのであれば、私は、〝平和主義〟の人たちを本当に尊敬したいと思います。国際社会は、必ずしも、日本のような平和主義では動いていないのです。

私は、人生観や会社経営などにおける信条としては、基本的に、「光明的で発展的なものの考え方をしている者は、成功や繁栄に導かれていく」という考えを持っています。

しかし、国の指導者の立場にある人たちは、外交関係や国際関係、あるいは軍事関係において、やはり、最低最悪のことも考えておく必要があります。国民が心配しなくてもよいように、国民の代わりに考えなければいけないわけです。

〝平和主義〟の人たちは、まるで、「警察がなくなれば、暴力団もこの世からなくなる」という言い方をしているように、私には聞こえます。逆に言えば、「警察があるから、暴力団が、あれほど、あちこちで〝活躍〟するのだ」という言い方をしているように聞こえなくもありません。

もちろん、軍事のレベルと警察のレベルは違うかもしれませんが、理屈だけを聞いていると、そうなのです。

警官は、人を殺すために、ピストルを持っているわけではありません。ピストルは、犯罪を抑止するためにあるのです。

もちろん、犯罪のない国になることが、いちばんよいことです。しかし、「警察官がいなくなれば、犯罪がなくなる」、要するに、「犯罪者を捕まえる人がいなくなれば、犯罪がなくなる」というような論理は成り立たないのです。

残念ですが、そういうことです。

沖縄の普天間問題によって明らかになった、日米「民主党」の違い

今、アメリカは、経済的な事情も影響して、世界の警察官としての役割から、やや引いていこうとしています。その段階で、日本の民主党政権が誕生したわけです。

アメリカでは、民主党のオバマ氏が「チェンジ」を標榜して政権を取りましたが、日本の民主党も「政権交代」を標榜して政権を取りました。そのため、日本の民主党は、「アメリカの民主党と自分たちは、同質のものである」と理解して、船出したと思います。

しかし、両者の内容には、ずれがあることが、その後の約半年ぐらいの間で、次第しだいに明らかになってきました。

アメリカでは、極左、いちばん左寄りと言われるオバマ氏でも、「国益」を考

えており、世界の警察官としてのアメリカの役割や使命を、まだ忘れてはいないのです。それを知らなければいけません。

一方、日本の指導層に、そういう考え方はほとんど皆無です。日米安保は片務条約であり、「アメリカだけが日本を守る」というような一方的なものですが、それに甘んじていて、当然だと思っています。

沖縄の普天間基地問題においては、アメリカ側は、「アメリカの軍人が、命を懸けて日本の防衛の役割を担おうとしていることに対して、日本人は、根本的なところを理解してくれていない」という気持ちを非常に強く持っていることでしょう。

日本側は、まるで、非常に悪性のインフルエンザに罹った集団か何かを沖縄に囲っているような、そういうものの言い方をしているようです。「どこか、よそへ行ってくれれば、菌がなくなる」というような言い方をされているため、アメリカ側は非常に不本意であり、不愉快であろうと思います。

そのような日本人の考え方のなかには、戦後の「平和ボケ」と「甘え」が、現実にあるのではないでしょうか。

3　民主党政権と「ファシズム全体主義」の共通点

ナチスの台頭をいち早く見抜いていたドラッカー

みなさんが、『危機に立つ日本』を読んだとき、特に不思議に感じるところがあると思います。それは、民主党政権を形容するに当たって、「全体主義」、あるいは、「全体主義的社会主義」というような言葉を使っているところでしょう。

同書には、そうした言葉が何カ所か出てきますが、「民主党は、あんなに優しいことばかり言っているのに、なぜ、そんな全体主義的社会主義のように言うのだろう。なぜ、ナチズムか何かのような言い方をするのだろう。これは偏見ではないのか。おかしいのではないか」と思う人もいるかもしれません。

これについて、多少、補足しておきたいと思います。

『危機に立つ日本』のなかにも出てきますが、アメリカの有名な経営学者、社会生態学者に、ピーター・ドラッカー（一九〇九〜二〇〇五）という人がいます。

彼は、ヒトラーが台頭して政権を取ることを、いち早く見抜いた人です。ナチスが第五党派だったとき、「これは政権を取る」ということを、いち早く見抜き、論文を書き始めています。そのあと、ドイツから逃げ出し、イギリス、アメリカへと渡っています。非常に賢いので、危機を察知して逃げたわけです。

そして、彼の処女作の『「経済人」の終わり』という本が、一九三九年に出版されています。これは、ナチス政権が成立し、ヒトラーが首相になって、数週間後に書き始められた本であり、ファシズム全体主義の起源を世界で初めて明らかにした本です。この本は、当時、イギリスの戦時の首相であったチャーチルが書評を書き、有名になっています。

全体主義の基本的な考え方は「否定」

ドラッカーは、その本のなかで、全体主義の本質についての説明をいろいろと並べ、それらの間違いを指摘した上で、ファシズム全体主義の基本綱領、要するに、基本的な考え方とは何かを述べています。

当時、ファシズム全体主義をとっていたのは、ドイツのヒトラーが率いていたナチスと、イタリアのムッソリーニのファシスト党の二つしかありません。分析対象は、この二つです。

ドラッカーは、これらを分析して、「全体主義、ファシズムの基本綱領は**否定**

である」と述べています。

「とにかく、否定ばかりする。前にあるものを否定する。伝統を否定する。そこにあるものを否定する。とにかく、『否定、否定、否定』であって、『自分が何をする』ということは言わずに、すべてを否定していく。全体主義の唯一の綱領は否定である」ということを述べているのです。

これは少し分かりにくいかもしれませんが、日本の民主党で言えば、自民党のやったことを、とにかく全部否定していくということです。

例えば、「自民党が約束した普天間基地の移設であれば、否定する。自民党時代につくったダムの計画なら、全部否定する。自民党がつくった予算案なら、否定する」というように、とにかく否定を重ねていきます。

しかし、「自分たちが何をしたいのか」ということについては、はっきりしません。予算案も否定していきます。あるいは、支出策も否定していきます。公共投資も否定します。アニメの殿堂も否定します。全部、否定です。「否定、否定、否定」なのです。

ナチスが行ったのも、まさしくそうです。「否定、否定、否定」なのです。「何をしたいか」ということは言っていません。否定ばかりするのです。とにかく、今までのことを否定していきます。

もちろん、「アーリア人種、ドイツ人の優越性なども説いたではないか。肯定的なことも言ったではないか」という考えもありますが、それよりは、「ユダヤ人排斥、ユダヤ人否定」ということのほうが、非常に強く出てきました。やはり否定なのです。

民主党の場合、ライバルである自民党だけでなく、官僚も否定しています。まず「自民党の政治が悪かった」と言っていましたが、次には「官僚による政治が悪かった」と言い始めました。このように、「否定、否定、否定」で全部来るのです。

しかし、「自分が責任を持って何をしたいのか」ということについては、述べません。これが、全体主義、ファシズムの基本綱領です。

一方、私たち幸福実現党は、「何をしたいか」ということを数多く掲げ、はっきりと述べているので、その内容をよく読んでいただきたいと思います。

繰り返しますが、「否定する。ただただ否定していく」というのが、全体主義、ナチズムの基本綱領なのです。

全体主義は、「矛盾する約束」を数多くする

全体主義について、二番目に言えることは何でしょうか。

これは、ヒトラーに次ぐナチスのナンバーツー、ゲッベルスが行ったことです。

彼は、農民に対しては、「小麦を高く買い上げる」と約束しました。一方、パ

ン屋に対しては、「小麦を安く仕入れさせる」「パンは高く売れる」ということを約束しました。そして、国民に対しては、「安いパンが手に入る」と約束したのです。

そのように、ゲッベルスは、論理的にはありえない約束を、あちこちで数多くしていきました。

最終的にこんなことができるのは、もうマジシャン（魔術師）しかありません。しかし、この論理破綻している政策を国民が受け入れ、そして、政権が取れたのです。嘘で塗り固めていると言えば、そうなのですが、嘘を数多く連発しているのにもかかわらず、国民が騙されてしまったわけです。

これは、民主党で言えば、こういうことです。

例えば、「国は財政赤字だけれども、予算は、事業仕分けをして、無駄な支出を削れば出てきます。だから、子ども手当、教育手当等をばら撒いても大丈夫なのです」というような考え方です。

また、防衛に関しては、「何も考えずにやっていれば、どうにかなるでしょう」というような考えです。普天間基地問題についても、「沖縄から移転すればいい」と言っておきながら、「そのあと、どうするか」については考えていないわけです。

そのように、できもしないことを数多く乱発して、国民に約束してきます。その結果、論理矛盾が起きてくるのです。

しかし、国民には、それぞれの約束が、とても耳触りよく聞こえます。こういうところが非常によく似ているのです。

左翼は、決して平和勢力ではない

しかし、まだ、みなさんは、このように思われるかもしれません。

「そうは言っても、民主党は、ハト派で平和主義者が集まっている。左翼のほうが多いから、戦争なんかになるわけがない。彼らは戦争は嫌いだろう」と。

確かに、今まで、五十数年間の自民党政権のなかでは、日米戦争の危険性はありませんでした。しかし、民主党政権ができて、実は、とうとう日米戦争の危険さえ出てきたのです。その表れの一つが、今年起きた「トヨタ問題」でもあります。

民主党政権は、日米同盟を破棄しかねない可能性もありますが、もし、そうなった場合、そのあと、どうするつもりなのでしょうか。

今の日本には、独自で防衛する力がなく、また、「自分の国は自分で守る」という考え方もありません。その段階で、日本は、いったい、どうするのでしょうか。「東アジア共同体」構想を持ち出し、「アジアの人たちと共同防衛する」などと言い出すのでしょうか。しかし、その場合には、いよいよ、アメリカとさえ戦う可能性が出てきます。

これは初めて出てきました。「平和を求めている」と思われる政党から、初めて、日米戦争の可能性が出てきたのです。

しかし、当時、日本人の多くは、「鳩山氏（元首相）は、そういうことはしないだろう。人間よりも珊瑚礁を大事にする人だから、まさか、そんなことはないだろう」と思っていたかもしれません。

ただ、その下で実権を振るっている人がいました。小沢一郎氏（元幹事長）です。この人は、非常に独裁者的な資質の強い人です。万一、戦争の危機が発生し、ミサイルの一本でも飛んできたときに、この人なら、どのように考えたでしょうか。「ナチスと同じようなことを考える可能性は、極めて高かった」と思います。

「授権法を制定し、『国会で議論などせずに、すべての判断を自分に任せろ。危機管理は、全部、自分に一元管理させろ』と言って、戒厳令を敷き、緊急的に、全部、自分が仕切るというようなことを、やりかねなかった」と私は思うのです。

民主党は、左翼勢力の労働組合がついていて、非常に左寄りの体制ですが、左翼というのは、昔から、本当は戦争が好きなのです。

したがって、気をつけなければいけません。左翼は、決して平和勢力ではないのです。「左翼は平和勢力である」と思っているのは日本人だけです。外国では、そうは思われていません。共産主義の一党独裁体制の場合、たいていは軍事と一体になっており、軍部を完全に掌握しています。「左翼の政治指導者が平和勢力である」とは必ずしも言えないのです。

アメリカのような民主主義国のほうが、戦争は多いように見えるかもしれません。しかし、アメリカでは、いちおう議論がなされているのです。彼らは、政党間で議論をなし、国民レベルでも議論をなし、「正義の戦いかどうか」という判断をした上で、戦争を行っているわけです。それをなさずにやれるのが、一党独裁型の国家です。これが怖いところなのです。

民主党元幹事長の小沢一郎氏は、小選挙区制下の二大政党制ということで、「政権交代」を訴え、前回（二〇〇九年）の衆院選では圧勝しました。彼は、これで、「もう一回、選挙をして勝てれば、自民党を滅ぼしてしまえるのではないか」と思っていたはずです。

つまり、日本は、二大政党ではなく、一党独裁になる寸前だったのです。そこへ持っていく寸前で、参院選（二〇一〇年）の敗北等があり、少し意に反した状態になってきているわけです。

このように、民主党は、思いのほか怖い政党です。

彼らは、いろいろなところに対し、魔法のような約束を数多くしていますが、言っていることは矛盾しているので、気をつけないと騙されます。

衆院選前の公約では、「四年間、増税はしない」と言っていましたが、舌の根の乾かないうちから、もう増税論議が始まっています。私には、そうなることなど、最初から分かっていたことなのです。

できもしないことを、いろいろなところに対して、数多く約束してくるのは、とても怖いことです。それを知らなければいけません。

4 日本は、世界のリーダーとしての使命を果たせ

沖縄から米軍基地を遠ざけてはならない

最後に、現在、日本が抱えている諸問題について述べたいと思います。

今、沖縄から米軍基地を遠ざけたら、喜ぶのはどこでしょうか。それは、北朝鮮と中国です。なぜなら、彼らは、まさしく、「そうしてほしい」と考えている

からです。そうしてくれることが、彼らにとっては非常にありがたいのです。
しかし、日本は、まんまと彼らが考えているとおりの動きをしているように思います。

私は、この国が迷走することを望みません。「世界のなかで、これだけ発展した国は、やはり、もう一頑張り（ひとがんば）して、智慧（ちえ）を磨（みが）き、世界のリーダーとしての道を国民に示すべきであり、さらに、アジアやアフリカ、その他の国々に、行くべき道標（みちしるべ）を指し示すのが使命である」と強く感じているのです。

そういう責任感がない者に対しては、残念ながら、この国は大きすぎますので、「指導者として居座るべきではない」と述べたいと思います。

今、日本は、非常に危険なところに来ているのです。

未来産業をつくることによって、さらなる高度成長を

今述べた「外交・国防問題」等と併せて、さらに「経済問題」でも、民主党は大きなミスを犯しそうな予感がしています。長期不況に入っていくような政策をとろうとしているように見えてしかたがないのです。

私は以前、〝環境左翼〟という言葉も使いましたが（『夢のある国へ——幸福維新』『ドラッカー霊言による「国家と経営」』〔共に幸福の科学出版刊〕参照）、民主党は、日本のCO₂の削減を、世界で一番乗りでやろうとしています。これは日本の企業を非常に苦しめる可能性の高い政策です。

また、経団連等に対しても、「利益団体である」として、富に対する罪悪感を持って見ています。

しかし、企業が利益を出さなければ、いったい、どこが法人税を払うのでしょ

うか。企業に利益が出なかったら、誰が、従業員を雇い、給料を払うのでしょうか。誰が、その給料のなかから、所得税を払うのでしょうか。

「企業の発展繁栄をつくる」ということは、国の財政赤字をなくす上でも大事なことなのです。そういう高度成長戦略をつくらなければいけません。

お隣の中国では、十パーセント近い成長が続いており、同じく国防費も、二十一年間も十パーセント以上増大し続けているような状況です。そのなかで、日本だけが、事実上のゼロ成長に近い状態でダッチロールしているのです。

やはり、高度成長政策をつくらなければ駄目です。つくろうとすれば、できるのです。それをせずに、ただただ経済を小さくしていくような策をとったら、どんどん、周りから、なめられる国になっていくと考えます。

したがって、私は、今、幸福実現党で掲げているとおり、未来産業をつくることによって、この国を、さらなる高度成長に持っていきたいと思っています。

それは、「まず、四、五パーセントぐらい成長させ、さらに、もう一段の成長に乗せていく」という高度成長戦略です。

「この国を植民地にさせない」という気概を示せ

幸福実現党では、国防についても、「やはり、『この国を植民地にさせない』という気概を示して、それだけの備えをする」ということを訴えています。これは、国として、最低限、やらなければいけないことであると思います。

そして、幸福実現党が、三番目に掲げていることは、「今、日本の教育の国際競争力が非常に落ちてきているので、教育に、もう一段の梃入れが必要である」ということです。

なぜなら、教育の国際競争力が落ちると、将来、工業その他の技術力も落ちていくことが予想されるからです。

幸福実現党は、こういうことを強く訴えています。

とにかく、今、日本は曲がり角に来ています。昨年の政権交代を子供のように喜んでいてはなりません。やはり、「何が正しいか」ということを常に考えなければいけません。

アメリカの基地に「出て行け」と言うなら、日本は日本で、一億三千万人の国民を、きちんと守れる体制をつくる気概を示さなければならないのです。

「それはできない。憲法を守れ。憲法九条をいじるな。憲法改正は相成らない。今のままでよい」と言うのであれば、日米関係を堅持しなければいけません。明らかな同盟関係として、日米同盟をきちんと守り続けるということです。

民主党の首脳は、サンゴを守ることよりも、日米関係を守ることのほうが大事であることぐらい、分からなければ駄目です。

幸福実現党は、今後、政権の一角に、ぜひとも食い込んで、「この国の発展のために寄与（きよ）したい」と考えています。長く戦っていくつもりですが、まずは言論戦から始め、現実の政治においても力を発揮したいと思います。

どうか、みなさんの多大なるご支援（しえん）をお願いいたします。

第2章　今こそ保守回帰のとき

2010年9月15日
東京都・幸福の科学総合本部

1　小沢一郎氏の今後について

はたして小沢氏は民主党を割るのか

九月十四日、民主党の代表選が行われ、日本の次の方向が定まってきたので、この機会に、考えるところを述べたいと思います。

結果は、予想よりも大差のリードで、菅氏が小沢氏に勝ちました。マスコミの事前の予想では、サポーター票や地方議員票でかなり差があるようでしたので、最後の国会議員票だけでは逆転できなかったのかと思います。

やはり、現職優位は動かなかったようです。それは当然のことでもありましょう。就任三カ月ぐらいであれば、そう簡単には替わらないのが普通であるため、全体的な結果としては、常識的なラインに収まったと考えています。

また、サポーターや地方議員の票差は、どちらが党首になったほうが選挙に勝てるのかを占うことにもなるので、民主党の国会議員のほうも、その動向に影響を受けたのではないかと思います。

そして、この結果を受け、今後の方向性が見えてきたわけですが、私としては、「しばらく解散はない」と見ています。菅氏は、できるだけ粘るだろうと思います。また、小沢氏が党を割るかどうかは、かなりブラフ（はったり）の部分もあるので分かりません。政策や予算、人事の問題などで衝突したときに、揺さぶりとして使ってくると思いますが、現に与党である民主党を割るメリットはそれほどないので、おそらく、小沢氏も民主党政権を一日でも長くもたせようと努力するものと推定しています。

小沢氏にとっても、党を割って自民党等と大連立を組むよりも、党内にいて、菅氏が失政により集中砲火を浴びて降板することを待ったほうが、勝率的には高いだろうと思われます。そのため、批判勢力としての面を持ちつつも、しばらく息を潜めるでしょう。それが、私の現時点での予想です。

代表選に負けたおかげで「信仰心」が深まるかもしれない

小沢氏は、今年六月に、「政治とカネ」の問題に絡んで幹事長を辞めましたが、今回の代表選までの期間が短すぎたと思います。三カ月で〝禊〟を終えるのは、やはり無理だったのです。その客観情勢およびマスコミ等の直前の猛攻を考慮すると、国会議員票が五分五分に近いところまで行ったのは、よく粘ったほうではないでしょうか。そういう感想を持ちました。

現職優位が普通であるにもかかわらず、チャレンジャーのほうに、新聞や週刊誌等の攻撃がかなり集まっていたところを見ると、よほど怖い存在なのだろうと思います。

ちなみに、小沢氏の守護霊とは、代表選の前日から〝音信不通〟でした。何百人もの人を相手にしているので、私の所に来るどころではなく、さぞかし忙しかったのだろうと思われます。

代表選当日の朝、「昨日、小沢氏の守護霊は来ましたか」と訊かれ、私は「いや、来なかった。忙しかったのではないか」と答えたのですが、その代わりに、坂本龍馬が出てきて、「これで小沢氏の信仰心が高まるだろう」というようなことを、一言、言ってきました。

小沢氏は、今まで選挙で負けたことは一度もありません。衆院選では、初当選以来、一度も負けていないし、党内の代表選等でも負けていませんでした。六十八歳にして初めて選挙で負けたのです。彼には、「選挙に負けない」という神話があったのに、初めて負けたわけなので、以前の菅氏であれば、編み笠を被って四国八十八カ所を回りたくなるような心境でしょう。頭を丸めたい心境になっているると思うので、意外に信仰心が深まるかもしれません。

代表選当日、菅氏と小沢氏が最終の立会演説を十五分ぐらいずつ行いました。私もそれを聴きましたが、小沢氏のほうは、確かに、彼の守護霊が霊言で語っていたように、当会の本を読んでいる形跡が話の端々に感じられました（『小沢一郎の本心に迫る』〔幸福実現党刊〕参照）。

特に外交に関しては、もともと、「『日・米・中』は正三角形の関係でいく」と言っていたにもかかわらず、立会演説では、「一番目に日米関係が大事であり、その次に、日韓関係、日中関係が大事である。そして、日・中・韓の協力の下で、東アジア共同体を推進したい」と、優先順位をはっきりと付けていました。小沢氏は中国寄りと見られていた人ですが、当会の本を読み、考え方を変えたのではないかと感じました。

　また、官僚依存からの脱却に関しては、「官僚を使えない政治家に問題がある」というようなことを述べていました。これは当会が主張していることなので、この点においても、一本〝釘〟が刺さったように思います。

　さらに、話の内容からすると、減税と財政出動を考えているようでしたので、自らが首相になったならば、田中角栄型の政治を始動するつもりであったものと推定されます。

2　菅氏の考え方を改めて検証する

「脱官僚」を掲げつつ、実際は、官僚との親和性が高い

　一方、菅氏のほうは、守りであったので、積極的な発言はあまり見られません

でしたけれども、外交に関して何も触れなかったのは気になりました。今、非常に微妙な段階にあるので、差し控えたのかもしれませんが、明確な方針を出さなかった点は、やはり気になります。

また、景気対策等についても、積極的な発言は多く見られませんでした。「雇用が大事である」としきりに言っていましたが、全般的には、社会主義的な立脚点に立った内容を述べていたように、私には感じられました。

特に目立ったのは、民主党議員の元の職業名を五十ぐらい挙げ、民主党に、いろいろな層の人が集まっていることを強調していた点です。

それを聞き、一瞬、脳裏をかすめたのはヒトラーでした。ヒトラーの名前を出すのは菅氏に申し訳ないかもしれませんが、ナチス党は、実は、下層階級でも上流階級でもなく、中産階級を基礎層として隆盛を極めたのです。そして、菅氏の挙げていた職業名も、だいたい中産階級のものが中心であったので、彼は、ヒトラーが目を付けたあたりに目線を合わせているようにも見えました。

菅氏は、表面では民主主義者であるかのような姿を見せており、一見、共産主義者とは違うように見えますが、現実は、社会主義的な立脚点に立っていると思います。

おそらく、再度、官僚制の打破を言い、脱官僚的なイメージをつくってくるでしょうが、本人の言葉とは裏腹に、官僚との親和性は極めて高くなるだろうと推定します。

なぜなら、社会主義と官僚制との親和性は非常に高いからです。自由主義と官僚制とは合いませんが、社会主義と官僚制とはぴったり合います。社会主義政策というのは、基本的に、計画経済的な中央統制と非常に馴染みがあるものなのです。

菅氏の〝新成長戦略〟は、新しいかたちのバラマキなのか

それから、新成長戦略等についても述べていましたが、これが、新しいかたちのバラマキにならないかどうか、よく見定めなければいけないでしょう。「税金のバラマキを、子ども手当とは別な分野で始めることをもって、『成長戦略』と称するのではないか」というところを注視しなくてはいけません。

税金を投入することによって、産業が育成され、それが次の税収を生むものになっていくかどうか。単に、票を買収するかたちでのバラマキにならないかどうか。あるいは、「財政再建」と言いつつも、財政を疲弊させる方向でのバラマキにならないかどうか。

こうした点について、ウオッチする必要があります。

課題山積の外交政策から逃げている菅氏

何よりも気にかかるのは、外交政策について上手に逃げているところです。

菅氏は、鳩山政権時代から沖縄の基地問題について語らないので、アメリカは、「鳩山氏より菅氏のほうが、まだアメリカ寄りではないか」と感じているようです。そのため、菅政権になってアメリカは安堵しているようですが、菅政権は沖縄の基地問題をどう解決するのでしょうか。お手並みを拝見したいところです。

特に、最近では「中国の漁船が、『尖閣諸島は中国固有の領土である』として、日本の領海に入り、海上保安庁の船にぶつかって来る」という事件が起きましたが、漁船が、海上保安庁の船にぶつかって来るというのは、普通、考えられないことです。向こうの国家公務員が何らかの使命を帯びてやっているのかもしれないので、本当に漁民かどうか分からないところがあります。

中国には、覆面軍艦と言って、武器をシートで覆い隠し、漁船に見せかけているような船がたくさんあるそうです。海上保安庁の巡視船はいちおう機関砲などを装備していますが、今後の課題として、「覆面軍艦が出てきた場合、どう対処するか」ということも検討しなければならないでしょう。

今後、民主党は保守化していく？

中国側は、船長の逮捕に関して非常に高飛車な態度で抗議していましたが、日本側は、いちおう権利を行使しましたし、「尖閣諸島が日本の領土であることは確定している。領土問題は存在しない」と主張していました。「権利の上に眠る者は保護されない」という法律の考え方から見ると、〝権利の上に眠る〟ことの多かった従来の政権に比べ、菅政権は変化しつつあるようです。左翼弁護士の仙谷官房長官でさえ、「遺憾である」と言っていましたので、ようやく、当たり前のことを、当たり前のこととして言うようになってきたわけです。

例えば、他人が自分の家の庭に勝手に入ってきたとしても、「ここは私の家である」と主張しなければ、権利はないのと同じです。権利を持っていても、それを主張せず、長年、住み込まれてしまったならば、なかなか退去させられなくなります。やはり、権利を主張しなければいけません。

その意味で、今回、大した踏み込みはありませんでしたが、仙谷官房長官が、いちおう、「中国側が、未明に駐中国大使を呼び出したことは遺憾である」と述べたことなどは、評価できると思います。民主党も、立場上、どうしても保守のほうに引っ張られつつあることを感じました。

うまくいけば、民主党は、以前の社会党のようになるかもしれません。一九九四年、社会党は自民党と連立を組み、村山富市氏が首相になりました。そのとき、社会党は、日米安保や自衛隊を認め、党是を大きく変えざるをえなくなりましたが、その結果、社会党はなくなってしまったのです。

もしかすると、民主党も、政権に就くことによって、立場上、保守化していかざるをえなくなり、全体としては、「保守の二大政党」のほうにシフトしていく可能性も無きにしも非ずです。楽観的な見方ではありますが、逆読みすれば、そういう面もあるわけです。

やはり、菅氏のような国家解体論者が国の指導者として居続けるというのは、なかなか難しいことでしょう。このへんは、バランスの取れた見方で見ていく必要があると思います。

同じことは、「地方分権」についても言えます。本音を言えば、中央から地方への税金の交付を減らしたいのでしょうが、菅氏は、これを、どういうかたちで行うのでしょうか。国家解体論者が国を経営したらどうなるか、注視していきたいと思います。

菅氏は、新風を送り込むのは得意だが、統治は苦手なタイプ

菅氏の基本的なスタンスは、「いろいろな階層や立場の人が政治に参加し、話し合って物事を決める」という参加型民主主義であると思います。

これは、ある意味で、民主主義の原点的な考え方ではあります。確かに、古代ギリシャの都市国家では、そうしたかたちでの政治が行われていましたが、都市国家といっても、現代で言えば、町や村などのレベルであり、小さな単位で成り立っていたことなのです。

ゆえに、国家という巨大なものが出来上がっている現段階において、村の寄り合い的な運営ができるかどうかは、非常に微妙なところです。

近代国家において、参加型民主主義がどこまで機能するのか。要するに、素人の集まりで、国家のあり方を決められるのか。これは、裁判員制度と同じような

問題かもしれませんが、ここのところが試されてくると思います。

そして、菅氏の場合、この参加型民主主義と、コーポラティズム、抱き込み主義というのが、一体になっていると見てよいでしょう。

みなの意見を反映させると称して、自分の方針、指針、主義をあまり明確にせず、多様な価値観を持っている者や、異なる考え方や主張を持っている者を抱き込んでいく政治手法を、「コーポラティズム」といいますが、菅氏のスタイルを見ていると、まさに、こうした「抱き込み型政治」なのです。

これと参加型民主主義を合わせていくことを、英語では「ポリアーキー」といいます。これは、アメリカの政治学者ダールが主張している考え方であり、日本では東大の篠原一名誉教授等がよく教えていました。

菅氏自身は東京工業大学出身ですが、篠原教授から市民運動家として評価され、指導をかなり受けていたようです。政治学的にいうと、私は篠原教授の〝弟子〟

に当たるので、菅氏とは同根ですが、今、出ている結論はまったく違っています。

なお、篠原教授は、丸山ワクチンの認可を求める運動を広めていました。教授は、四十年近く前、ガンにかかり手術をしましたが、丸山ワクチンを使ったところ、術後の経過がよかったそうです。そこで、厚生省（現厚生労働省）に治療薬として正式に認可してもらうための運動を起こしたのです。そして、厚生省がなかなか動いてくれないとき、菅氏は国会で厚生省を追及していましたが、客観的には、この運動を支援していたように見えました。

こうした篠原教授の運動も、参加型民主主義の一つではあるでしょう。これも一つの理想のようには見えますが、ガバナンス（統治）の原理として見たときには、参加型民主主義には明らかに足りないものがあります。政治の革新運動として、新しい風を入れるときには、役立つことも多いのですが、実際に統治する側に回ったときには、厳しい面が出てくるのです。

菅氏は、以前、厚生大臣として薬害エイズ問題に当たったとき、政治に新風を送り込みましたが、そういうことが彼の真骨頂(しんこっちょう)であり、「首相として、国全体をどう統制し、方向づけ、もっていくか」ということは、苦手ではないかと思うのです。

日本の国の規模からすると、マクロの見方ができなければ、首相を務めることは厳しいのです。そして、そのマクロの見方は、単に、いろいろな人が寄り集まれば決められるかというと、一定の疑問があります。やはり、有識者や専門家の意見が必要です。有効な手が打てる有識者や専門家が入らなければ、見えないところがあるのです。

菅氏について言えば、特に「成長戦略」「雇用の創出」と言っているあたりを、これから、非常に注目して見なければいけません。彼は財務大臣を短期間務めましたが、「財政・経済について、どの程度、知識と経験を持っているか」については、よく見なければならないと思います。

3　円高がもたらす予想外のシナリオ

円高の原因は日銀にあり

現在、円高が進んでいますが、原因は、以前から、はっきりと分かっています。これは日銀が原因です。日銀が、通貨の発行総量を増やさなかったことが原因なのです。

二年近く前、私は、「日本にはメガバンクが三つあるが、一行で十兆円ずつ、合計三十兆円の銀行紙幣（しへい）を発行すればよい。そうすれば、一年以内に景気は回復する。日銀が独立性を盾（たて）にして、何もしないのであれば、法律を改正し、銀行からお金を出せばよい」という提言をしたことがあります（『日本の繁栄は、絶対に揺るがない』〔幸福の科学出版刊〕第4章参照）。

日銀は、昨年十二月、金利〇・一パーセントの新しい貸し出し枠を十兆円導入し（いわゆる新型オペ）、今年三月、それを二十兆円に拡大させ、さらに、この八月、遅ればせながら、三十兆円へと枠を広げてきました。

「もっと早く、私の提言をきいてくれていれば、よかったのに」と思います。日銀総裁を〝断頭台〟に送る法律がないので、なかなか言うことをきかせられないのです。三十兆円の枠をやっと出してきましたが、少し遅すぎます。戦力の逐次投入は効果がありません。やるべきときに一気にやらないと意味がないのです。

結局、日銀が市場に供給している資金の量が、必要量より少ないので、円の価値が、今、上がっているのです。本当は、もう少し、お金が出回らなければいけないのです。

日銀は、デフレ退治の経験がないのでしょうが、インフレファイターとしての仕事にこだわりすぎています。もう、ばかの一つ覚えとしか言いようがなく、〝お題目〟を唱えてばかりいるので、私のような宗教家が、「デフレファイター」としてのノウハウを教えなければいけないわけです。

日銀にとって、「インフレターゲットの導入」は、天地が引っ繰り返るようなことでしょうが、今は、それをやる必要があります。インフレかデフレか二つに一つしかないので、それほど難しいことではありません。インフレファイターとしての仕事がなくなったならば、その反対のことをすればよいのです。

経済成長を実現したければ、やはり、緩やかなインフレをつくるべく目標を立てなければいけないし、そのためには、通貨の供給量を増やさなければなりません。

日銀は、非常にゆっくりとやっていますが、遅れた分だけ、効果の出方は遅いだろう思います。

結局、減税と財政出動は行わざるをえない

ただ、全般的(ぜんぱんてき)に言うと、菅(かん)氏が首相になろうと、小沢氏が首相になろうと、結局、同じことをやるだろうと推定はしていました。「減税」と「財政出動」を必ずやるはずです。そうでなければ、もたないからです。自民党政治のように見えるので、やりたくないのは分かりますが、結果的には、やらざるをえなくなると思います。

財政出動に関しては、おそらく、小沢氏が首相になっていれば、大胆(だいたん)にやっただろうと推定します。菅氏は小出しにやるでしょうから、効き目は薄(うす)く、経済の立ち直りはやや遅くなるだろうと思われます。

やはり、財政再建と景気の拡大は同時にはできません。今、欧州(おうしゅう)のほうは、緊(きん)

縮財政をしているため、実は景気が後退しています。一方、アメリカは、減税による景気拡大策に入ろうとしています。財政再建をすると必ず不況が深刻化してくるので、結局、減税のほうに入るのです。

なぜ、最も金利の低い日本の「円」が買われるのか

二〇一〇年十月現在、各国の中央銀行の政策金利は、ドルが〇・二五パーセント、ユーロが一パーセントであるのに対し、円は〇・一パーセントしかありません。つまり、今、いちばん金利の低い円に、「買い」が集中している状態です。

これは、マネーの原理からいうと、おかしな話です。普通は、金利が高いほうにお金は集まります。それが、金利が低くて儲からないほうにお金が集まっているというのは、「元本リスクを恐れている」としか言いようがありません。投資家は、ユーロだと元本が危ないと見ているし、ドルもあまり信用していないよう

です。〇・一パーセントの金利でも円買いが進んでいるのは、「日本のほうが元本は安全だと見ている」ということでしょう。

代表選当日、円高が一気に進みましたが、あるテレビ番組では、「菅氏が再選されて、これで日本は財政再建が進むと外国は見たのだろう」などと説明していました。しかし、私は、そんなことはないと思います。菅氏に財政再建をする能力があるとは思えないので、再選とはまったく関係がないでしょう。

世界の投資家は「中国のバブル崩壊(ほうかい)は近い」と見ている

今、アメリカは、経済減速が止まらないため減税に入ろうとしていますが、すでにオバマノミクス（オバマ政権の経済政策）は狂(くる)ってき始めています。また、ギリシャ危機以降、ＥＵのほうにも信用がなくなってきています。

もう一つ、お金の逃(に)げ場としては、中国の元(げん)があるはずです。中国が本当に経済大国であるならば、中国にお金が逃げてもよいのですが、実際は、そうなっていません。中国に資金が集まって元高にならない理由を、やはり考えなければいけないでしょう。

これは、「投資家は、上海万博が終わったあと、バブル崩壊が起きると見ている」ということでしょう。共通心理としては、そうだろうと私は推定します。すでに、空きビルや空きマンション、その他の不動産のバブル崩壊が始まりつつあるようです。中国は、今まで経済成長一本槍で考えていたと思いますが、「景気の後退局面で、有効な手を打つ」という経験はありません。そのため、リセッション（景気後退）、あるいは、バブル崩壊が起きるのは近いと考えます。

また、今、中国国民の間には、都市と農村の格差問題への不満や、政府の災害対策への不満などがそうとう溜まっており、暴動が続いているので、バブル崩壊の際には、一つの危機が来るだろうと思います。

要するに、この危機を見越しているので、世界のお金は元に向かっていかないわけです。

今、「有事に強い円」になろうとしているのか

今回、中国漁船の船長が海上保安庁に逮捕され、尖閣諸島の領有を主張する中国との関係が悪化しましたが、それでも円高が進んでいるところを見ると、昔は、「有事に強いドル」と言われていましたが、これからは「有事に強い円」になろうとしているのかもしれません。

アジアの海における危機が高まっているので、民主党であろうと、自民党であろうと、何らかの防衛措置を取らざるをえなくなるでしょう。そういう方向に動くと思います。前述したように、社会党が崩壊したような現象が起きるかもしれません。

民主党政府は、支持基盤の労組・日教組等の主張と合わないことをやり始めなければいけなくなるでしょう。今、菅氏は、「全員野球」とか、参加型民主主義的なことを言っていますが、おそらく、それでは済まなくなり、「統治の学」を学ばなければいけなくなってくると推定します。

円高不況は必ず乗り越えられる

今後、しばらくの間は、「円高」と「雇用」の二つが、主要テーマになってくると思います。

私は、円高そのものの基調は変わらないと見ています。短期的には円安の動きもあると思いますが、基調自体は変わらないでしょう。先を見通すと、将来的には「一ドル五十円」になっていくでしょう。すぐには行きませんが、その方向に向かっていくと推定しています。

したがって、政策担当者は、まずは、「一ドル七十円で生き延びられる方法」を考えなければいけません。

マスコミは、円高になると、いつも「不況になる」と言って騒ぎますが、一、二年そういうことはあっても、必ず乗り越えることができます。一九八〇年代にも円高不況がありましたが、数年間で克服しています。

考えてみると、日本はすでに輸出立国ではありません。私が小中学生のころは、社会科で、「日本は輸出立国である」と習いましたが、今は、国のGDP（国内総生産）に占める輸出の割合は十五パーセントぐらいしかないのです。

しかも、日本原産品を輸出して海外に売る場合であれば、「円高になると値段が高くなり、売れなくなって不況になる」という論理が成り立つのは分かりますが、今は、日本原産品がほとんどない状態です。

「日本原産」と名が付くものがあるとしたら、何があるでしょうか。おそらく、農産物や海産物など、地方の特産品ぐらいしかないはずです。

つまり、工業製品等に関しては、原産品がほとんどなく、たいてい輸入を伴(ともな)っています。例えば、トヨタが自動車を売るにしても、鉄板の原材料の鉄鉱石はオーストラリアなどから輸入しているわけです。

ですから、円高になれば、当然、原材料の輸入代金が下がって、鉄板代金が下がりますし、鉄板代金が下がれば、自動車の製作代金も下がります。その結果、より安く自動車を輸出できるようになります。このように、輸出入をトータルで見れば、差額は調整されるのです。

すでに仕入れが終わっていたり、ある程度、売り上げを織り込(こ)んでつくったりしたものが売れなくなって、一時期、在庫が過大になり、不況のように見えることもあるでしょうが、輸出と輸入は連動しているので、最終的には帳尻(ちょうじり)が合ってきます。したがって、円高だからといって、それほど大きく心配する必要はないと考えます。

「一ドル五十円」になると、日米がイコールパートナーに近づく

「一ドル五十円」の世界というものを考えてみると、実は日本側から見れば、アメリカ経済の規模が、今の半分になります。逆に、アメリカ側から見ると、日本経済の規模が、今の二倍になるのです。これは予想されていないシナリオですが、日米の経済力が接近してきて、本当にイコールパートナーになってくることを意味しています。

日本経済の規模が倍になれば、日米がイコールパートナーになってくる可能性があると同時に、「GDP世界ナンバーツーになる」と言っている中国の考え方が変わってくる可能性もあります。

日本のほうがアメリカ経済の規模に近づいていくことになれば、また話が違っ

てきます。ドル建てで考えると、「自助努力は何もしていないのに、勝手に経済が大きくなっていく」ということがありえるわけです。

先行きは、まだまだ予断を許さない状況が続きますが、総理大臣や財務大臣、あるいは日銀総裁は、ここ一、二年、おそらく、正解とは正反対のことを言い続けるだろうと思います。これは、彼らが実体経済を知らないために起きる現象です。

やはり、やるべきことは、「円高でも生きていける方法」をつくることです。それから、「減税」および「財政出動」が必要です。さらに、「防衛面での危機管理」もやらなければいけないでしょう。

高級品が復活し、円高好況(こうきょう)が起きる可能性も

今後、円高はさらに加速していくでしょうが、それは、必ず日本全体の資産価

値を上げることになります。

また、今、ユニクロを中心として、「中国等で生産し、日本で安売りする」というスタイルが流行(はや)っていますが、これは、もうピークに来ています。やがて、曲がり角が来て、下がっていくと思われます。

今、盛り返してきているのは、安売り店とは逆に、百貨店系のブランドものです。円高を背景にして、高級品が復活しつつあります。高級品の売り上げも、一割増から二割増になってきているのです。

このように、景気の回復が、今度は、安売り店ではなく、高額のものを売っているところから始まっています。つまり、「高付加価値のものが安く買えるようになるので、今後、円高による消費景気の拡大が起きる」という、予想外の展開が出てくる可能性が極(きわ)めて高くなっているのです。

菅氏の判断とはまったく関係なく、そうなっていくでしょう。政府当局の判断とはまったく関係なく、予想外に、円高による消費好況が起きてくる可能性が非常に高まってきています。政府が何もしなければ、そうなる可能性が極めて高いのです。これが予想されていることです。

その意味では、政府が無能であればあるほど、意外に景気がよくなる可能性は高いのです。有能であると、何か余計なことをして経済を失速させる可能性がありますが、無能であると、「対策を打て」と言われても何もできないので、かえって景気がよくなる可能性が高いわけです。

今は、無能な人が宰相にふさわしい時期に来ているのかもしれません。何も判断できないというのは、ある意味では、よいことなのかもしれません。景気が予想外によくなる可能性が高まっていると、私は見ています。

円が強くなるのは、「世界の基軸通貨への道を歩みつつある」ということなので、それ自体は悪いことではありません。そのことを述べておきたいと思います。

4　公立学校の教員を増やすことについて

公立系の学校は〝倒産状態〟にある

さらに、雇用についても述べておきましょう。これに関しては、「どのような考え方でもって雇用を増やすか」ということが問題になります。

先日、私は、『日教組60年』という本を、DVDと併せて見てみましたが、民主党あるいは菅氏の言っていることと、日教組の言っていることは、基本的に同じであることがよく分かりました。

例えば、日教組は、「競争して質を高めるのは嫌いだ」「管理されるのは嫌いだ」「テストで測られるのは嫌いだ」というようなことや、「小中学校の少人数学級の導入」などを主張しています。

そして、文科省は、現行の四十人学級を、三十五人学級にする計画を立てており、今、その方向に向かっています。そうすると、教員を六万人も増やすことになるそうですが、「これは失業対策を兼ねている」と言うのは、確かに、詭弁といえば詭弁でしょう。

公立系の学校では、校内暴力や非行がまた増えてきており、実際上、倒産状態にあります。いわば、倒産会社が、従業員を増やそうとしているような状況なのです。教員を増やすのは失業対策になるかもしれませんが、「今の公立系の学校に、増員した教員を吸収するだけの力があるかどうか」については、一定の疑問があります。そのへんは、きちんと見なければいけないでしょう。

日教組は、憲法改正反対など、いわゆる平和主義的なことを主張していて、朝鮮半島や中国に対して優しすぎます。そういう洗脳をやり続けてきたことが、今後、日本が国際紛争を解決する際のネックになってくるでしょう。
したがって、日教組も保守回帰をさせなければいけないと私は思います。

新しい教員には、社会経験のある人を採用せよ

また、教員を新たに採用するのであれば、教員免許を持っていなくてもよいので、むしろ、社会人経験のある人を雇ったほうがよいかもしれません。そうすれば、学級崩壊は、教師の問題であることがよく分かると思います。さらに、子供に善悪の判断や企業家精神を教えるためにも、社会人経験のある人のほうがよいでしょう。

教育学部卒の人でなければ、教育ができないということはありません。法学部や経済学部、あるいは理学部や工学部の人でも、できるはずです。教育学部に行った人より学力が低いわけでは決してないからです。

公立系の学校に、外部の血を入れたり、実社会の考え方を入れたりするのも、悪くはないと考えます。

5　中国の脅威に言論の力で立ち向かう

ともあれ、現政権を、教育政策の面も含め、保守のほうに回帰させていく運動をしなければならないと思います。

今年九月、自民党は若手を登用し、私が二年前に進言したような人事を行いました。二〇〇八年九月に麻生政権が発足し、その三カ月後の十二月ごろ、私は麻生氏に、石原伸晃氏の幹事長職への登用や、小池百合子氏の有力職への登用などを進言していたのです。しかし、麻生氏は、自分の後継者はつくらない方針であったようで、私の言うことをきかなかったのです。首相を長く務めるつもりでいたのかもしれません。しかし、結果は、後継者がいなくなり、自民党政権は崩壊してしまいました。

自民党は、二年遅れで私の言ったとおりの人事をしてきましたが、残念ながら、今のリーダーのままでは、すぐに政権が奪取できるとは思えません。

今回、菅氏が再選されたことによって、当会あるいは幸福実現党にとっては、政策を練り、戦力を整える準備の時間が少し取れることになるかもしれません。

マスコミは、幸福実現党の存在を無視し続けていますが、私たちが指摘していることはみな的中してきているので、世間の目を、それほど長くごまかすことはできないだろうと思います。

また、日本や世界の状況は、私たちが言っていたとおりになってきているので、今後についても、だいたい、本章で述べたような方向に動いていくだろうと思います。

今、私は、政治・軍事とは別なスタイルでもって、何とか中国脅威論を変えたいと考えているところです。言論にも一定の力があるので、「私たちの主張は浸透しつつある」という印象を持っています。

今回の代表選で小沢氏は、民主党国会議員の半分近くを押さえましたが、できれば、信仰心を高め、保守回帰をなしていただきたいと思います。自民党と併せ、民主党のほうも保守のほうに流れてくることを祈りたいものです。そして、アジアの将来の紛争を未然に防ぐ方向に持っていきたいと考えています。

余計な話ではありますが、解散が遠のいたので、内部的には少しほっとしています。現在、幸福の科学学園の関西校を計画中ですが、「選挙と同時にやるとなると、大変だな」と思っていたのです。しばらく解散はないことが見えたので、関西校を滞りなく建てることができそうです。

私としては、「もう菅さんでもいい。何もしないで、じっと座っていてくれればいい」と思っているところであり、その間に、当会としては、兵站と戦力を整えたいと考えます。

ただ、これは私の考えであり、エドガー・ケイシーや黙示録のヨハネなど、予言者の霊は危機的なことをそうとう言っていて、そちらのほうが当たるかもしれません（『エドガー・ケイシーの未来リーディング』『人類に未来はあるのか』〔幸福の科学出版刊〕参照）。

世の中では、悪い予言のほうがよく当たるので、そうなるかもしれませんし、私自身、自分に都合のよい方向で物事を考えているのかもしれません。しかし、「もう少しだけ時間があれば、意外に、もう一度、Be Positive な方向に戻せるかな」という感触を、今、持ちつつあるところです。

中国も、一回、景気後退を経験し、「反省とは何か」を勉強していただきたいと思っています。今のままで行くと、中国は二〇一五年に空母を完成させる予定ですが、「空母をつくるお金がなくなった」というぐらいの状況になっていただきたいものです。要するに、中国国民の意見が、「空母をつくるどころでない。国内景気の立て直しをしなければならない」という方向に向いていくことが望ましいわけです。

さらに、かつてソ連が行ったようなグラスノスチ（情報公開）を、中国に突きつけていきたいと思います。「情報をもっと公開し、かつ、言論の自由や思想・信条の自由、そして、やはり信教の自由をもっと押し広げなければ、資本主義の論理のなかに完全に入ることはできないのだ」ということを悟っていただきたいのです。そのための啓蒙運動を今後も続けていきたいと考えています。

以上が、今回の民主党代表選を見て、私の感じたところです。

第3章 宗教と政治について考える

2010年9月23日
神奈川県・幸福の科学厚木支部精舎

1　国際情勢に関する高い的中率

中国の国家体制は、人間を幸福にするものではない

本章には、「宗教と政治について考える」という一般的な題を付けてみました。

したがって、内容はどのようなものであっても構わないでしょうが、宗教と政治にまたがることを述べたいと思います。

さて、本年（二〇一〇年）の九月に、私は、『世界の潮流はこうなる』（幸福実現党刊）という本を出したのですが、最近の新聞を読んでいると、何か、その本の内容がそのまま出ているような印象を受けます。

同書には、現在ただいまに起きていることを、「既定路線」としていろいろと

書いてあるのです。幸福の科学は意見を言い始めるのが早いので、発信したときは、「まさか」と言われることが多いのですが、あとになると、それが現実になってくるわけです。

特に、国際情勢に関しては、かなりの的中率を誇っていると思います。私が、「世界の潮流はこうなる」と言っていることは、ほぼ、そのとおりになるでしょう。

私は、中国を批判することも言っています。客観的には、批判が少し厳しいかなとも思っていたのですが、言っていることが、しだいに当たってきつつあります。例えば、尖閣諸島沖での漁船衝突事件では、中国はそうとう高飛車な態度を取ってきましたが、私はすでに、いろいろな本に、対応の仕方まで含め、「答え」を全部書いてあるのです。結局、中国は、「日本を試している」ということでしょう。

ちなみに、中国と外交上の問題でいろいろ揉めている最中でも、明治神宮には、中国人観光客がけっこう参拝に来ていました。私は、「彼らは、明治天皇がどういう人なのか、知っているのかな。日清戦争をして中国に勝った人なのに、その人が祀られている神社に参拝してどうするのかな」と思いました。おそらく、歴史を知らないのでしょうが、団体でぞろぞろと明治神宮に参拝しているのです。

政府の上のほうでは、外交問題で激しく争っているのに、個人のほうは能天気に動いている状況です。知らずに明治神宮に行っているのならば、ついでに、乃木神社や東郷神社にも行き、皇居もグルッと回り、最後に靖国神社に寄って帰ればよいのではないかと思います。

ただ、中国との関係が悪くなると、せっかく中国語を勉強し、中国と商売をしている人にとっては、マイナスになるかもしれません。

歴史的には、中国は偉大な国であるとは思います。数多くの文化的遺産もあり、日本もその恩恵に浴した部分はずいぶんあるとは思いますが、それは過去のことであり、「過去の中国人は偉かった」ということです。現在の中国は、あまりよい国ではありません。これでは駄目です。

個人としては、「お金儲けや出世をしたい」と思って頑張っている人はかなり出てきていますが、国家全体の体制は、まだ変わり切れていませんし、むしろ変わらないように必死で頑張っているようなところがあります。

「中国は、よい国か、悪い国か」ということについて、言い方はいろいろあるでしょうが、経済的にも発展し、国力が強くなり、政治的発言力を増し、軍事力も強くなったということで、国内にいると、ものすごく自国がよくなっているように見えるのかもしれません。

しかし、幸福の科学の信者の活動を紹介したＤＶＤなどを観ると、中国人の信者については、顔を映せないし、名前も出せないのです。当局に調べられて、あとで投獄されたり、処刑されたりする恐れもあるということで、顔も名前も出せない状態です。そういう国は、やはり、あまりよい国とは言えません。

中国人観光客の団体も、自由にツアーを組んで日本に来ているように見えながら、おそらくは、しっかりと見張りがついているのだろうと思います。

私は、二〇〇九年に政治活動を始めたときから、「自由の価値」をずっと説いていますが、自由というものは、本当に大事なものだと思います。常に見張られて生活したり、国家に人生観を支配されたりすることは、やはり、つらいことです。

そのような国家体制というのは、あまり、人間を幸福にするものではないと思います。「国家全体としては幸福だ」と思っているのかもしれませんが、そうは言っても、国家の構成員は個人です。したがって、「個人が不自由であっても、全体では幸福だ」ということは、やはり、ありえないことなのです。

民主主義国家のポイントは「自由」の有無にある

おそらく、中国の人々は、「個人が自由になっても、船（国家）が沈んだら、一蓮托生だよ」という感じで脅されているような状態なのだろうと思います。それでも、日本に旅行に来て、日本を見て帰ったならば、何か感じるところはあるでしょう。何かカルチャーショックのようなものを受けるだろうと思うので、それはそれで勉強にはなるのではないかと考えます。

日本には、おそらく、非常に珍しいものがたくさんあるのだろうと思います。例えば、今、中国の人たちからは、日本の女子高生が、いちばんの憧れの的になっているようです。世界的に見ても、「制服を着ていて、お化粧ができる」という国はあまりないらしいのです。中国では、京劇にでも出なければ、なかなかお化粧はできないでしょうが、日本の女子高生は、国立の学校でも、マニキュアを塗ったり、アイシャドーを塗ったりして学校に来ています。

フランスからも憧れられているという話もあるぐらいなので、珍しいことなのでしょう。もちろん、イスラム圏から見ても珍しくて、うらやましいことかもしれません。

現在、基本的に、世界の大きな流れとしては、「自由の方向を目指すという方針を堅持している国」と、「自由を閉ざす方向に努力している国」とが、やはりあるように感じます。「自由の方向に人々を解き放つと、国家が壊れるのではないか」と恐れている政治体制と、「自由にしても、国家は壊れない」と思っている政治体制とがあるのではないかと思うのです。

ただ、双方とも、「自分たちは民主主義国家である」と、同じように言っています。単に、「多数が支持する」ということをもって民主主義と呼ぶならば、どちらも民主主義国家という言い方はできますが、やはり、民主主義のポイントは

「自由」のほうにあると思うのです。自由のところを解放しないと、個人の能力や才能が開花することはありません。

今、中国人が数多く日本に来て、買い物をしてくれるのはありがたいことですが、かつての日本人のように、集団でしか動かないような姿に見えるところがあります。

昔、私の子供のころには、日本の農協などのツアーで、先頭に旗を持った人がいて、集団でぞろぞろとパリのエッフェル塔（とう）の下などを歩いている姿を、ずいぶん揶揄（やゆ）されたことがあります。当時は、外国旅行自体が珍しかったのだろうと思いますが、それと同じように見えなくもないところがあります。

中国も、監視（かんし）などがつかずに自由に外国へ出かけられるような国になったら、大したものだと思います。

やることなすことが全部外れているオバマ大統領

さらに、今、アメリカのほうも、運の悪いことに、オバマ大統領に関する私の予言が的中し始めています。彼が大統領になる前に、私が「こうなるだろう」と言ったとおりになっていて、ほとんど外れていません。

残念ですが、再選は危ぶまれていますし、本人も、「負ける恐れがあるので、次の大統領選には出ないかもしれない」と言い始めているような状況です。彼のやることなすことが、全部外れてき始めたのです。

イラクから米軍を引き揚げたものの、その後、テロが頻発して困っていますし、アフガニスタンで戦争を始めたものの、結局は敗戦になりそうな気配です。軍を引き揚げることは、すでに決まっているので、死傷者をたくさん出し、何の成果もあげられないまま、アメリカが逃げ出すようなかたちになります。

アフガニスタンの戦いのほうは、オバマ氏がわざわざ始めた戦争であり、イラクから戦いをシフトしたつもりだったのですが、これも敗戦で終わりそうな感じです。

そういう流れに対し、今、中国の高笑いが聞こえてきていて、「アメリカ軍は、ついでに日本からも出て行け」と言われているような状態です。「アメリカは、もうアジアから出て行け」という感じが出てきているのかなと思います。

オバマ政権のアメリカは、軍事・外交的には、負けの気配がはっきり出ています。それは、ある程度、最初から見えていたことです。ノーベル平和賞をもらうような人は、戦争に負けるのです。それは、もう決まっていることです。ノーベル平和賞は、負けるほうの側になるともらえるのです。

帝国（ていこく）主義的で侵略性（しんりゃくせい）の強い側になると、絶対にもらえないのですが、負ける側や、抵抗（ていこう）運動をするほうの側になると、もらえることが多いのです。だいたい、負けるほうのメンタリティーを持っている人が、もらえることになっています。したがって、大統領在任中で、軍の最高指揮官の地位にあるときにノーベル平和賞をもらったというのは、はっきり言えば、「戦争に負ける」ということを意味しています。おそらく、そういうことでしょう。

もう一つ、オバマ大統領は経済的な対策も打っていますが、どれもこれも成功しない結果に終わっています。最近は、減税も言い始めていますが、なかなか景気回復効果が出てこないし、財政再建もすると言ってできずにいます。弱者に優しく、バラマキをだいぶやってしまったため、結局、「大きな政府」になってしまいました。

日本の民主党政府も、一年もたたずして同じような道を辿るだろうと思います。オバマ人気にあやかって鳩山民主党が大勝利したのだと思うので、いずれ、そのあとを辿ることになるはずです。

2 虚偽と偽善に満ちた民主党の外交政策

国際法が通じない国・中国

『世界の潮流はこうなる』には、「激震！　中国の野望と民主党の最期」という恐ろしい副題が付いており、多少の〝毒〟が盛られています。『世界の潮流はこうなる』という書名も、この副題も、私が付けたものですが、「私の目にはそのように見える」ということです。

日本で民主党政権ができたのは、「中国はよい国であり、その中国との友好を促進するためには、民主党のほうがよい」という、経済界のニーズというか、後押しがあったからです。「民主党政権なら、中国と仲良くできて、商売がうまくいく」という考えだったのです。

ところが、今回の事件で、日本が、中国の漁船の船長を拘束し、「裁判にかける」と言った途端、向こうの国家主席が怒って、閣僚級以上の交流をはじめ、レアアースの輸出など、さまざまなものを停止し、さらにはＳＭＡＰの公演も中止する等、ずいぶん強硬な態度を取ってきました。さらに、十月中旬以降は、政治の裏主導と思われる大規模な「抗日デモ」が多発しています。党大会最中には起きるはずのないデモです。

こうした中国の対応は、はっきり言って、少し狂っているように見えます。これを見ると、中国は、国際法が通じない国なのだということが、よく分かります。

自分の国のなかでしか通用しない論理が、全世界に通じるものだと思っていて、世界についての情報や国際社会の判断というものが、まったく分からない国なのです。国のなかは完全に情報統制ができるので、そのやり方で、よそに対しても同じようにやれると思っているわけです。

対中国政策について反省を迫られる菅内閣

今回の事件をきっかけにして、今の民主党政権下で、対中国政策等に大きな反省が出てくるようになったら、それは、一つの記念碑的な政治的成果になると私は思っています。

そういう意味で、菅内閣の支持率は、最初は高ければ高いほどよいと思います。支持率が高ければ高いほど、あとで落ちたときに〝尾骶骨〟を打って、さぞ、お尻が痛いことでしょう。これは、鳩山氏が前に経験したことなのですが、またしても、同じことをやろうとしているので、もう一回、〝尾骶骨〟を打ってもらわなければしかたがありません。おそらく、外交で失敗して、六十数パーセントの支持率が、もう一回落ちます。基本的な考えが間違っているからです。（その後的中。）

菅首相は、〝お仲間〟の伊藤忠商事相談役（元会長）を、駐中国大使に起用しましたが、私は、「この人事は成功するだろう」と皮肉を込めて見ています。この人は、かつて、全学連の活動家でした。つまり、彼らは、「日本を中国のような国にしよう」と言って運動していた人たちなのです。

その人は、伊藤忠商事に入社してから、不思議と出世しましたが、おそらく、労働組合をまとめるのがうまかったのではないかと思います。そういう人が、中国に行って吊るし上げを食っているわけなので、どのようになるか、興味深く見ています。

この年になって、人生の反省をしなければいけなくなるかどうか、つまり、「理想の国だと思っていた中国が、本当は、こんなひどい国であった」と、青春期の反省を始めなければいけなくなるかどうか、見ものだと思います。

日本を中国のような国にしようとして青春時代を送った人たちが、今、政権を担っていたり、財界などで偉い立場に就いたりしているので、生きている間に、どこかで反省期を迎えなければいけないかもしれません。そもそも、「国家破壊論者」が国家を経営してはいけないのです。私はそう思います。

その駐中国大使は、中国政府から真夜中などに、何度も呼び出しを受けているので、いい勉強になっていることでしょう。向こうは、脅しが利くと思っているのでしょうが、ただ、大使のほうも、全学連で最後の筋金入りの活動家だった人なので、意外に偏屈で、言い出したら引かないだろうと思います。

外交情勢の変化により、国論はガラッと変わる

今後、「中国の外交が、世界的に見て、いかに常識外れであるか」ということが、人々の目に明らかになってきますし、「民主党の言っていた政策が、いかに虚偽と偽善に満ちていたか」ということが、はっきりと分かってきます。

例えば、一年前、鳩山内閣が登場したときに最初にやったことは、インド洋沖でのアメリカ軍への給油の中止でした。今から振り返ると、「よくも、そんなことを考えたものだな」という感じがします。

この七月には、中東のほうから石油を運んでいた日本のタンカーが、ホルムズ海峡で、魚雷か何かよく分かりませんが、謎の攻撃を受けて船体がへこんだ事件がありました。「タンカーが一隻でも沈められたら大変なことになる」という予言も出ていましたが（『アダム・スミス霊言による「新・国富論」』〔幸福の科学出版刊〕参照）、これは、当然、予想されたことです。

今後も、石油の輸送路で攻撃を受けることは十分に考えられるので、いろいろ事件が起きてくるでしょうが、自衛隊は手足を縛られた状態になっているため、どうにもならないでしょう。

こうした外交情勢の変化によって、近い将来、国論がガラッと変わっていき、本来、防衛力を強化すべきではないと考えていた人たちが、そうしなければいけなくなるところを見るかもしれません。

今回の事件では、仙谷由人官房長官でさえ、「中国との間に領土問題は存在しない」などと言い出したりしているので、「六十四歳にして、やっと勉強が進んできたのかな。さすがに、そのくらいは分かるのか」と思いました。

中国は、口先一つで、島ぐらい簡単に取れると思っているので、恐ろしいことです。中国が、「われわれの領土だ」と言えば、そのようになり、本当に取られるかもしれないという雰囲気があります。「沖縄は中国固有の領土である」と主張している論文も、私が知っているだけで十九編もあるのです。

中国は、もう言いたい放題です。日本が何かを言うと中国はすぐに反応しますが、中国がやったことについて日本はほとんど反応しないため、彼らは、自分たちが世界の常識からずれていることが分からないのです。

今、中国は、「大中国主義」を張っていますが、おそらく、世界の常識とずれている部分について、検証され始めるでしょう。そして、「アジア・アフリカの覇者(はしゃ)になる資格があるのか」ということを、世界から点検されるようになります。要するに、アメリカの衰退(すいたい)に乗じて勢力を伸(の)ばすことができるかどうか、今後、中国は、試されることになるでしょう。

3 中国には国際ルールを教える必要がある

今後、中国がぶつかる二つのハードル

中国に対して、取るべき反撃(はんげき)の第一弾(だん)は、「知的財産権の防衛」のところだろうと思います。

中国は、もう「偽ブランド」の山であり、ありとあらゆる偽ブランド品が売られています。しかも、誰もが偽物だということを知っていながら、中国人も買うし、アフリカなどからも仕入れに来ているような状態です。本物を買うよりも、ずっと安く、何分の一か、十分の一ぐらいの値段で買えるからです。

そして、いろいろなブランド名の付いた偽物を、そのままアフリカに持っていき、「○○ブランドです」と言って売るような貿易が数多く行われています。

しかし、今後は、著作権等の「知的財産権の保護」という網がかかってきて、そういう貿易がままならなくなってくるだろうと思います。

さらに、もう一つは、「元」の切り上げ圧力がかかってきて、輸出で儲けることができなくなってくるということです。

そのように、先進国になる過程で、当然、超えなければいけないハードルに、今後、中国はぶつかるようになるでしょう。それを、どう切り抜けていくかです。

国内のように、上から抑（おさ）えつければ、みな黙（だま）ってくれると思ったら、大間違（おおまちが）いです。国際社会は、そのようなものではありません。

例えば、あまりに安易なので笑ってしまいますが、一見、ホンダの車かと思うと、「ＨＯＮＤＡ」ではなく「ＨＯＮＴＡ」と書いてあったりします。「ＨＯＮＤＡ」の一部をデフォルメし、少し「ＴＯＹＯＴＡ」をくっつけたようなロゴマークで車を売っているのです。

中国は、このようなことを、平気で、やりたい放題やっています。しかし、中国が、世界の大国として周りの国々を率いていこうとするのであれば、このあたりについても、しだいに光が当たってきて、正体が明らかになってくることでしょう。

中国から言えば、「ＨＯＮＴＡをＨＯＮＤＡと読み違えるほうが悪い」ということなのかもしれませんが、やや、語るに足りずという感じはあります。

今後、中国には、そのような二つの事態が起きてくると思われます。

中国に対しては、言われたら言い返す「言論戦」が必要

『世界の潮流はこうなる』のなかで、キッシンジャー博士の守護霊は、「中国人は、仲良くなると、悪口を言うメンタリティーを持っているので、何かを言われたら言い返すというカルチャーが大事なのだ。言われて黙っていたら、それを受け入れたことになってしまうので、本当に友達になったら、言い返さなければいけない。ガンガン言い返したら、かえって仲良くなれるのだ。そういうカルチャーがあることを知らなければいけない。日本人は黙って聞いてしまうので、それがいけない。それでは自分の負けを認めたことになってしまうし、それは相手にとってもよくないことだ」ということを言っています。

実弾を撃ち込むのは、最後の最後になるのでしょうが、その前に、やはり、口

で言うべきことはきちんと主張することが大事です。「黙って胸に納めておく」というのも結構ですが、そういう日本的なカルチャーが通じない相手には、きちんと口で言ったほうがよいと思います。

まず、そうした著作権問題、知的財産権問題あたりから始まって、次は、外国為替で特別に有利にはなれないような状態になってくるだろうと思います。

したがって、中国に過度に依存している日本企業には、今後、試練がやってくると思われます。何かと揺さぶりをかけられるだろうと思うので、現地で工場を没収されたりしないように、気をつけたほうがよいでしょう。政治マターが、経済のほうにそのまま絡んでくることがありえます。

今回、中国の漁船が、日本の領海内である尖閣諸島沖で操業し、海上保安庁の船に警告されても退去せず、船をぶつけてきたわけですが、その映像をビデオに撮り、船員を逮捕したことに対して、国家のトップクラスがクレームをつけてきました。

しかし、今年の四月には、中国において、麻薬密輸の罪で、四人の日本人が死刑になりました。まともに裁判が行われたのかどうかも分からないし、きちんとした弁護士が付いていたのかどうかも分かりませんが、あっという間に処刑されてしまったのです。日本政府から、抗議らしきものが一言か二言あったかもしれませんが、もう、即処刑でした。まるで、百年か、百五十年ぐらい前の雰囲気です。

ただ、普通の観光客でも、中国を旅行しているうちに、ポケットに〝白い粉〟を入れられることがあるので、怖いのだそうです。つまり、ある人物を消したければ、その人のポケットに、麻薬の粉をスッと入れておき、麻薬密輸の現行犯で逮捕し、処刑すればよいわけです。

私も中国へ行くときには気をつけなければいけないかもしれません。「邪魔な宗教家を葬りたい」ということで、知らないうちに、ポケットに白い粉を放り込まれたら、それで終わりです。現行犯逮捕で、即処刑でしょう。日本の政府が救ってくれる余地など、まったくないのです。

したがって、中国に行くときには、外から何も入れられないような服装にしないと危険かもしれません。普通は、まさか、そんなことをするとは思わないので、やられても分からないことが多いのです。〝消したい人〟がいる場合、隙を狙ってそういうことまでするそうなので、まだまだ油断のならないところがあります。

中国は、自分たちの国で適正な裁判が行われているかどうかについて、ほかの国から疑問を持たれていても平気なのに、「断固、中国人をほかの国の裁判にはかけさせない」と考えているようなところがあります。このあたりは、やはり、言論戦で戦わなければいけませんが、日本のマスコミは、ディベート能力がゼロであり、情けない状態にあると言わざるをえません。

大国は、批判に耐えなければならない

今回の漁船衝突事件において、もし、「この前、中国は、日本人を簡単に死刑にしたので、日本も、逮捕した船員をすぐに死刑にします」と言ったら、中国はどうするでしょうか。

日本がそのようなことを言った場合、向こうは、ものすごく怒って、「原爆を落とせ」などと言うだろうと思いますが、自分たちが言うのは構わないと思っているわけです。

そこには甘えもあるでしょう。ゴルフのハンディのように、「腕が違うのだから、ほかの国とは言い方が違ってもよいのだ」と思っているのかもしれませんが、世界の超大国になっていこうとするならば、それでは通じなくなっていきます。

「大国は批判に耐えなければいけない」という国際ルールを教えていかなければ

ならないと思います。

したがって、中国に対しては、まず、考え方、オピニオンを、どんどん主張していかなければなりません。別に憎くて言うわけではなく、国際ルールを知らないのでしょうから、教えてあげる必要があるのです。私も、言うべきことはどんどん言おうと思っています。

先日（九月十五日）、「秋山真之の霊言」を録ったときに、秋山真之は、「中国版ＣＩＡ風のチャイナ・ロビーが、そうとう日本に入っている。沖縄にもいるが、永田町近辺にもそうとう入っていて、工作員が世論操作を行い、扇動している」ということを言っていましたが、いろいろなところに工作員が入っているでしょうから、私も気をつけなければいけないと思っています。

ただ、私は、さまざまな宇宙人とも交流があり、言ってみれば「エリア51」に住んでいるようなものなので、宇宙人の目でもって中国の動きを常に監視しています。そういう意味では、お互いに面白い関係であるとは思っています。向こうは、いろいろな手段を使ってくるだろうとは思いますが、言うべきことは言うつもりでいます。

4　日本の外交に「背骨」を入れよ

外交問題から逃げていた民主党代表選

私は、「日米同盟の堅持」ということを、何度も繰り返し述べていますし、沖縄の人にも言い続けています。沖縄の人たちの多くは、「沖縄から基地がなくなればよい」と言っていますが、今回の事件を受けて、尖閣諸島が属する石垣市の市議会は、「日本政府は、毅然とした姿勢で、断固たる措置を取るべきだ」ということを決議していました。さすがに、「尖閣諸島を自由に取っても構わない」とは言わなかったようです。それはそうでしょう。やはり、外交においても、きちんと背骨が一本入らなければいけません。

民主党の代表選では、小沢氏と菅氏が約二週間にわたって戦いましたが、外交問題については、ほとんど何も議論がなされず、見事に逃げていました。国の一大事が起きているのに、どうするのかについて、まったく何も言わず、「脱小沢か、親小沢か」というような争いばかりをやっていたわけです。

また、「民意はどちらにあるか」というようなことも言っていましたが、菅氏は、「手段の政治」のほうにこだわって、「目的を考えない政治」をする人なのです。手段にこだわり、手段で勝つことを考えるのですが、目的のほうはあまり考えていないのです。途中段階までしか考えていないので、もう少し「目的地」を教えてあげなければいけないと思っています。

　ただ、オバマ氏も、鳩山氏も、菅氏も、みな、諸行無常で、すべて流れ去っていくのは時間の問題でしょう。もうすぐ「過去の人」になっていくと思いますが、私たちは、一貫して、言うべきことは言わなければいけません。私たちは、二千年、三千年と、教えを遺さなければならないので、彼らのように、「数年もてばよい」というようなわけにはいかないのです。後世の批判に耐えるだけの考え方を出さなければいけないと思っています。

　中国には十数億もの国民がいるわけなので、彼らが、本当の意味で、この世での魂修行が健全にできるような方向に導いていかなければなりませんし、すでに人類が到達した魂教育のレベルまで持っていかなければならないと思います。

　中国にも、儒教や仏教など、昔の痕跡はいろいろ遺っているので、新しいかたちで教えが入っていく可能性はあると思っています。

オバマ大統領は「言葉だけの政治家」

それから、アメリカのオバマ政権は、二〇一二年で終わりになるかもしれません。二〇一二年は、ちょうどマヤ暦が終わる年であり、「2012」という、人類滅亡の危機を描いた映画もありましたが、オバマ氏は、過去世で、そのマヤの辺りに生まれたことがあるようです。この年に、本当に世界が終わりになるかどうかは分かりませんけれども、アメリカは、没落のショックをかなり起こしてから、その後始末が始まるだろうと思います。

この世においては、善意に満ちたことをしているのに、意外にも結果が悪くなることが数多くあります。残念なことではありますが、それは、外見上、物事の〝良く見える面〟だけを強調しすぎていて、その影の部分について緻密に詰めていこうとしていないからだと思うのです。

オバマ氏は善人ですし、演説もとてももうまい人です。私は、彼が大統領選に立候補している間に行った演説を、全部、読みましたが、ケネディやリンカンなど、いろいろな人の演説を研究した跡がはっきり見えました。

ただ、具体的な政策の部分になると、ほんの少ししか出てこなかったので、「この人は、言葉だけの人で、現実にどうするかは、まだ考えていないな。それは、大統領になってから考えるつもりだな」ということが分かっていました。今、まさに、「オバマ大統領は言葉だけの政治家だ」と言われています。

そのため、アメリカでは、オバマ氏とまったく正反対の考えを持つ共和党の候補者を、だいぶ揃え始めているようです。

いずれにしても、数年のうちに、日本の政治の流れを保守回帰の方向、まっとうなものの考え方をするほうに持っていかないと、危険度は高いのです。

単なるオバマ氏の趣味で、「核兵器のない平和な世界が、突如、実現する」などということはありえません。そんな言葉に、あっさりと〝帰依〟してしまうほど、単純であってはいけないのです。

私は、以前から、「オバマ大統領は、訪日しても広島へは行かないだろう」と述べていました。案の定、「中間選挙直後というアメリカの国内事情を勘案して、広島へは行かない」ということになりました。そんなことは、最初から分かっていることなのです。

そのように、外向けに言っていることと、現実の政治を計算したらどうなるかということは、別のことなのです。アメリカでは、大統領が広島へ行って献花し、「原爆を落としてごめんなさい」などと謝ったら、即、クビになるのです。

したがって、広島へ行くはずはないのですが、行くような素振りを見せたり、口だけで言ったりしていました。

政治というのは、そのように、理想的な面と、リアリスティックな面との、両方からアプローチして見なければいけないところがあるのです。私は、「オバマ大統領は広島に行くはずがない」と、最初から判断していましたが、そのとおりになりました。

優しすぎる態度は、相手に間違った判断をさせる

『世界の潮流はこうなる』のなかで、キッシンジャー博士の守護霊は、「終戦記念日に閣僚全員が靖国神社に参拝しなかったことは、中国への全面降伏に当たる」と言っていますが、面白い分析です。こういう部分には注目しなければいけません。そのように受け取られる面があるということを、知らなければいけないのです。

「優しすぎる態度を取ることが、相手に間違った判断をさせることもありうる」ということを知らなければいけません。やはり、「言うべきことは、きちんと言

う」ということが、本当の意味で友人になるために大事なことなのです。

例えば、日本の歴史教育に対して、中国などから、「偏向している」と言われたりしていますが、向こうの教科書の偏向度のほうが、そうとう激しいのではないかと思われます。中国や朝鮮半島に関しては、日本も、もちろんかかわりを持つ国の一つであるので、今後、よくなっていっていただきたいと思っています。特に、朝鮮半島の不幸については、早く解消したいと思っていますが、まずは、思想の次元での戦いが先にあるだろうと考えます。

今の中国の動きに対して、「日本が何らなすすべもなく放置し、そして、アメリカが衰退してアジアから後退していく」という筋書きが続いていくようならば、次は、「アジア諸国やアフリカ諸国が、中国の覇権に脅される」という状況が、やがて現れてくるでしょう。そういう未来が、はっきりと見えるわけです。

したがって、「どのようなかたちで未来社会をデザインするか」ということが大事です。

5　国難に警鐘を鳴らし続ける幸福の科学

幸福の科学の言論力はしだいに増してきている

幸福の科学も、微力ながら、何とかしたいと思い、活動しています。

現在、言論では、ある程度の影響が出てきていますが、まだ、力は十分ではありません。大手紙のような、数百万部や一千万部のメディアを持っているわけでもないし、テレビのような、「十パーセントの視聴率を取れば、一千万人が見ている」というメディアを持っているわけでもないので、今のところは、それほどの言論力はありません。

多少のオピニオン力は出ていますし、ニュースソース的なもの、あるいは、アイデア的なものとして、世の中に知られてきていることは間違いありませんが、現実の戦力としては、まだまだ見劣りがします。

宗教に求めているものが人によって違うので、教団のカルチャーを変えるのは、なかなか難しいことです。信者のなかには、心の安らぎや、自分自身の悩みの解決などを求めて来た人も数多くいて、必ずしも、選挙のサポーターになるために来た人ばかりではないでしょうから、全員が同じように動かないのは当然だろうと思います。

ただ、私は、できるだけ知的に理解できるかたちで意見を述べようとしているので、それを分かっていただけたら、ありがたく思います。

この一年数カ月の間に私が言ってきたことを振り返ってみると、「大筋で間違ったことは言っていない」という自信を持っています。時間がたてばたつほど、じわじわと効いてきています。「なぜ、そんなに早く、そのようなことが分かったのだろう」という感じで、あとになればなるほど効いてきています。現実化していないのは、当選者が出ていないことぐらいです。

当選者が出ないのは、それだけ、世論と離れたことを言っているということでしょう。もう少し世論に近いことを言えば、当選者が出るのでしょうが、そうとう離れたことを言っているということだろうと思います。

しかし、たとえ世論からかけ離れていても、「向かうべき方向は、こっちだ」と言うことが使命なので、それは尊い犠牲として、ある程度、受け止めなければいけないのかもしれません。

現状を少しだけ改善するぐらいの話であれば、すぐに理解してもらえますが、あまりに遠いことを言うと、分かってもらえないのです。理解できないために、「ある程度、親近感を感じてはいても、応援はしない」という現象が、現実に出ているわけです。

しかし、時間がたつにつれて、私たちが言っていたことの正しさが、だんだん証明されてきています。

先日、あるテレビ番組で、菅直人氏と小沢一郎氏について、今の民主党ができたときからの歴史を振り返ったものがありました。その番組のなかで、民主党のある議員が、「この一年間は、ずいぶんダッチロールし、試行錯誤をした」というような発言をしたのですが、それを聞いたテレビ局の解説員が、「えっ？　ダッチロールしたのですか。それは知らなかった」などと言っていました。

私はそれを観ていて、本当に、カッパの頭の皿から水がこぼれたような感じで、頭がクラッと来たのです。「テレビ局の解説員ですら、民主党政権がダッチロールしたことが分からないのか」と思うと、唖然としてしまいます。本当に平和な国なのだなと、つくづく感じますが、もう少し勉強していただきたいものです。

人の心が変われば、国のあり方も変わる

『世界の潮流はこうなる』の「まえがき」には、「本書をご一読頂かないと、『マスコミ人』としても廃業の危機が来るであろう」などと、恐ろしい予言をしてありますが、本当にそのとおりだと思います。「今後、世界がどのようになっていくか」についての結論は、やはり知っておかなければいけないでしょう。「中国と仲良くしさえすれば、国が繁栄する」という、これまでの考えが、今、裏目に出てきているわけですが、そのことを、あらかじめ分かっていた人がいるのだということを知らなければいけないのです。

考え方を変えれば、世の中は変わります。人の心が変われば、国のあり方も変わります。今、私たちは、〝病原菌〟と戦う〝抗体〟をつくって逆輸出しているところであり、私の書籍は、中国にも、ほかの国にも入っています。そのように、

今、〝抗体〟をいろいろな国に広げて、〝病原菌〟に侵食されないように守ろうとしているのです。

とにかく、私は、世界の人々が不幸になっていくのを見ていられないのです。中国は、これから、十数億人の国民を食べさせていくために、資源の争奪や食糧の争奪、水資源の争奪など、いろいろな面で、そうとうな問題を起こすと思われるので、あらかじめ手を打たなければいけません。

その際に、日本の技術が、必ず役に立つだろうと思います。日本は、海水を真水に変えたり、泥水をきれいな水に変えたりする技術を持っていますし、また、山村部で海水魚を養殖する技術まで開発しています。

この技術を世界で初めて開発したのは、幸福の科学の信者なのですが、これが広まって、ハマチやマグロなどの高級魚を山村部で養殖できるようになれば、大きな産業になります。「山村で海水魚が獲れる」ということが始まると、食糧問題の解決にかなり寄与できると思います。

それから、衛生問題等もたくさん出てくるでしょう。環境対策や、水の浄化、衛生的な食糧を提供する技術などにおいては、日本はまだまだ健在です。

数年前、「毒入りギョーザ事件」がありましたが、中国側は、「日本で混入された可能性が高い」などと、ずいぶん言っていました。しかし、いったい誰が、自分でギョーザに毒を入れて食べたりするでしょうか。やはり、管理のずさんな中国の工場で混入されたものと考えるのが当然でしょう。

それを、国家を挙げて、「そんなことが中国であるはずがない」などと言い張るようでは、甘いと言わざるをえません。まだ一人前の先進国にはなっていないと思います。

私は、世界が戦争で彩られることが好ましいなどとは思っていません。そのようになる前の段階で、話し合いによって国論を変え、世界の国々が協調する体制をつくり出す方向へ導いていきたいと思っています。
未来についての結論を提示し、そちらのほうへ導いていきたいのです。

日本を、「宗教を尊敬する国」に

今、そういうことを言えるのは幸福の科学しかありません。その意味において、教団の力を大きくすることが必要です。それは、決して利己主義的な思いではないのです。その点を誤解されないよう、上手に、世に知らしめていきたいと思っています。

例えば、幸福の科学出現以前の宗教界は、「創価学会」対「新宗連」という対立図式になっていました。今、「アンチ創価学会」の新宗教連合軍である新宗連のほうは、民主党の側についており、創価学会のほうは、長らく自民党と組んでいましたが、中国政策等について、両陣営(りょうじんえい)からは、特に何も聞こえてきません。

考えを何も持っていないということでしょう。

創価学会も、新宗連のトップの教団も、共に法華経教団ですが、『法華経』を奉じた日蓮は、国難に対して警鐘を鳴らし続けた宗教家です。しかし、今、その日蓮の役割をしているのは私であり、法華経教団は何もしていません。某法華経教団では、日本に入る中国スパイの養成に協力したりしているようですが、国難に警鐘を鳴らすようなことは何もしていないのです。

そういう意味で、幸福の科学は、もう少し頑張って大きくなりたいと思いますし、何とか、全世界伝道ができるだけの基礎力を身につけたいと思うのです。まだ、力が足りていません。当会の目指すものと、他の教団が目指すものとの違いをはっきりさせて、多くの国民の支持を受けられるようにしたいと考えます。

〝悪魔の尻尾〟をぶら下げているような人たちの政権が、六十数パーセントもの支持率をもらい、幸福実現党の支持率が一パーセントや二パーセントというような寂(さび)しい数字であっては困ります。もっと支持を広げなければならないのです。

これは、霊界(れいかい)の人口比率の影響もあるかもしれません。霊界では、いちばん下の四次元世界の人口が最も多く、上の次元へ行くほど人口が少なくなっています。

そして、その人口比率は地上世界にも反映されているため、この世において多数決を取ると、神仏の心に近いほうの意見は負けることになるのです。

したがって、例えば、「九次元は十億人、四次元は五百人」というような比率であれば、この世においてもうまくいくのかもしれませんが、現実には、上に行くほど少なくなるので、単純に多数決を行うと負けてしまうわけです。しかし、これでは非常に具合が悪いのです。

多数決で負けないためには、やはり、正しい教えをしっかりと広げて、国民の大多数が信仰心(しんこうしん)を持つようにしなければいけません。それをせずに、単に投票だけを行ったら、負けるのはしかたがないことです。魂(たましい)的に偉(えら)い人になるほど数が少なくなるため、一人一票では、絶対に負けるのです。

宗教を尊敬する心のない国では、負けは決まっているので、ある程度、宗教を尊敬する国に変えていかなければならないと思います。

日本国中に教えを届けるには、多くの人の力が必要

私は、今後も政治に対して意見を述べていきますし、今、宗教に対しても、チャレンジとして、他の新宗教の教祖の霊言を出しています（『宗教決断の時代』『宗教イノベーションの時代』〔共に幸福の科学出版刊〕）。

これは、すでに亡くなっている教祖の霊言や、生きている方の場合は守護霊の霊言を収録したものですが、これを読めば、それぞれの開祖の考え方や、彼らが、あの世においてどうなっているのかがよく分かるでしょう。

ぜひ、多くの人に読んでいただいて、驚（おどろ）いていただきたいと思っています。新

宗教について、その程度の〝報道〟はしたほうが親切ではないかと思うのです。

とにかく、できるだけ善意でやっていきたいと考えています。

そして、どうか、正しい者は強くあってほしいと思います。私も頑張ってはいますが、やはり、この世は厳しいものです。今年の夏は三十五度の猛暑が続きましたが、その暑さのなかで説法をし続けても、なかなか日本国中には浸透しません。

くだらない情報は、毎日、数多く報道されていますが、本当に大事なことは、いくら言っていても、まったく報道されないような世の中です。このなかで伝道していくのは大変です。

数多くの人を仲間にしなければ、理想を現実化することはできません。したがって、多くの人々の、もう一段のご支援、ご助力をお願いしたいと思います。

幸福の科学の仕事は、まず、自ら自身を助けることを最初の目的としているものではありますが、次は、自分だけではなく、他の人も助けられるような存在に変わっていただきたいと思っているのです。それは、私が最初から述べていることでもあります。

私は、本年、もう百八十回以上の説法をしています（九月現在）。私は、「伝道、未だし」と言っていますが、それは、自分に関しても同じことが言えると感じています。なかなか日本全国には届かないので、つらいものがあります。

教団に集う人たちの智慧を結集して、幸福の科学の考え方を広げていきたいと思います。

第4章

危機の十年を迎(むか)え撃(う)て

2010年9月26日
静岡県・幸福の科学沼津支部精舎

1 私の著書を「考える材料」にしてほしい

幸福の科学は、人々に警告を発し、正しい方向を示す

私の著書『ザ・ネクスト・フロンティア』（幸福の科学出版刊）には、私の説法のほかに、経営学者ドラッカーの霊言（れいげん）と経済学者アダム・スミスの霊言が収められています。

同書の感想を読者のみなさんから頂いていますが、「ドラッカーやアダム・スミスの生前の著書を読むより、かなり分かりやすかった」という意見が多かったので、ありがたいことだと思います。

私は、今年（二〇一〇年）、矢継（やつ）ぎ早（ばや）に五十冊もの著書を出してきました（十

一月時点。内部経典を除く）。

一定の考え方をテキストにして出しておけば、しだいに読者も増え、〝学習効果〟が広がっていくでしょう。まずは幸福の科学の内部で公共財になり、その後、日本の国の公共財になって、いろいろな人がものを考えたりするときの土台になるだろうと思います。

その意味で、私は、今、非常に大事な仕事をしていると自負しています。

私の今年の著書は、あまりにも発刊点数が多いので、日本の国民は、まだ十分に消化できていないだろうとは思うのですが、「考える材料」は、すでに、そうとう出ています。

本を著した時点では、読者のみなさんが「まさか」と思うような内容も多かったでしょうが、「何カ月かたつと、現実とピタリと符合してくる」という状態が続いています。

私や高級諸霊は、昨年以降、中国政府に対して、厳しい批判を続けています。ところが、尖閣事件が起きるまで、民主党政権は中国寄りの動きをしていました し、マスコミや経済界も、それを応援するような動きをしていたと思います。

今年、中国の温家宝首相が来日し、当時の鳩山首相と会談を行いました。何か、鳩山首相の支援に来たような雰囲気だったのですが、温家宝首相が帰った翌日、鳩山首相は辞意を表明しました。

あの突然の首相交代は、中国にとって、信じがたいことだったと思います。あのような政変が起きる場合、外国では、首相が殺されることもよくあるため、なぜ鳩山氏がまだ生きているのかが、中国には理解できないかもしれません。

今年は、日本と中国との間で、かなり激しい、外交上の綱引きがあったのに、日本の外交には、フィロソフィー（哲学）がなかったのではないかと思います。

ただ、自民党についても、「やや情けなかったな」という印象を受けます。

自民党の過去の外交政策を見ても、人によって違っていて、バラバラです。自民党政権の時代にも、民主党と同じような考えが、繰り返し何度も出ています。例えば、最近の福田康夫政権の外交は、民主党と似たようなものだったと思います。

その次の麻生政権は、本格派の保守政権だと思われていたにもかかわらず、中国などにかなり配慮したような外交を行い、国防に関する意見を外部に表明した自衛隊幹部を、すぐクビにしたりもしました。

潮流としては、「左」に引っ張っていかれる流れが、すでに自民党政権の時代に起きていたのだろうと思います。

その結果、どうなっていくでしょうか。

アメリカでは、オバマ政権が誕生し、今、日本より先に〝左傾化〟が進んでいるのですが、そのアメリカは、私が予想したとおり、だんだん、没落の渦のなかに吸い込まれていきつつあるように思われます。

国の命運は本当にトップ一人にかかっています。トップ一人で国も興れば、トップ一人で国を潰すこともあるのです。

私は、オバマ大統領の潜在意識に入り込み、「彼が何をしようとしているのか」ということを、すでに調べ終えています。彼の対応の仕方が分かったので、「アメリカは衰退する」と読んでいました。

そのアメリカに続いて、日本も同様の動きをしてきているので、私は、「日本に危機がやってくる」ということを、去年から、ずいぶんと言ってきたのです。

世間の読みとは逆であったかと思いますが、実際には、私が言ったとおりになっています。私の言っていたことが事実と合致していることを、世間も分かってきつつあると思うので、あとになればなるほど効いてくると思います。

これが、私の仕事といえば仕事です。

幸福の科学の仕事は、世の人に先駆けて、警告を発したり、正しい方向を示したりすることなので、その時点では多数派の理解を得られないこともよくあるのですが、それに対して怯む必要は決してないと考えています。

むしろ、「多くの人に理解されなくても、正しいことを言いえた」ということについて、胸を張るべきだと思います。「現時点での世論に迎合することなく、あるべき姿、正しい方向を指し示した」というのは名誉なことであり、決して恥じるようなことではないのです。

高級諸霊が霊言によって日本国民の啓蒙に入っている

今年、私は霊言集を大量に出しました。「神、あるいは、それに近い高級神霊たちが、これほど数多く、国内からも国外からも、霊言のために出てきた」というのは大変なことです。

幸福の科学は、幸福実現党という、この世的には、まだ、ほんの小さな勢力しか持っていない政党を核にして、政治運動を始めたところですが、日本の高級神霊だけでなく、外国の高級霊たちも幸福実現党を支援してくれています。ドラッカーやアダム・スミスまで出てきているのです。

これは、普通なら、考えられないことです。しかし、現に、そうなのです。

そして、もう少しあとになれば、このことの意味の大きさが分かってくるだろうと思います。

アダム・スミスは経済学の祖であり、少なくとも二百年以上、今の資本主義の流れをつくった張本人でしょうし、ドラッカーは、経営学の祖とも言われている人で、やはり、今後、百年、二百年と、その影響が残り続ける人だろうと思います。

今、こういう人たちが、週刊誌や新聞が扱うような、現在ただいまの問題や事件に関する発言をしているわけです。同時期、同時代には、このことの意味が、すぐには分からないかもしれません。しかし、あとになればなるほど、その発言の重さが分かってくるのではないかと思います。

彼らが言っていることのなかには、大事な指摘が随所にあるので、その部分を見落とさないようにしなければいけません。

特に、一国のリーダーに対しても、かなり厳しい批判がなされていると思います。

ドラッカーは、生前、「『何が正しいか』が常に問題であり、『誰が正しいか』が問題ではないのだ。『誰が正しいか』ということを考えると、経営トップとして間違いを犯す。『何が正しいか』を考えなくてはいけない。そういう人をトップや経営幹部にしなさい」ということを、よく言っていましたが、『ザ・ネクスト・フロンティア』のなかでも、ドラッカーの霊が同様のことを述べています。

菅政権等には、「小沢や鳩山は悪かったけれども、自分たちは違う」「官僚が悪かった」などと言う傾向が出ています。「何が正しいか」という、考え方の問題、国としての政策や判断、方針の問題なのに、それを、「誰が正しいか」という、人の問題にすり替えていく気があります。

要するに、基本的には、「人のせいにする」という姿勢があるのです。これは、ドラッカーが、「会社で経営トップや重役陣に上げてはいけない」と言っていたタイプの人たちです。

今は、そういう人たちが国の中枢にいて、「官僚が悪かったのだから、政治主導ならよいのだ」「小沢が独裁者だから悪いのだ」「鳩山がボンボンで、母親からお金をもらっていたから駄目だったのだ」などと言っています。

また、尖閣諸島周辺で中国漁船の船長を逮捕したあと、政府は、「日本の国内法に基づいて処分する」と言っていました。ところが、突如、那覇地検の判断によって船長は釈放され、政府は、「それを了承する」と言って、責任逃れをしています。

これは国家としての判断でなければおかしいのですが、釈放を那覇地検のせいにし、「中国と揉めるなら、どうぞ沖縄だけでやってくれ」と言わんばかりです。

これが地方分権の正体でしょうが、これでは完全に昔戻りです。

今年はテレビで「龍馬伝」が放映されましたが、幕末に長州や薩摩が外国と戦ったとき、幕府は、「関係ございません」という態度を取りました。今、その時代に戻ろうとしています。

これは「責任回避」「責任からの逃避」です。その根本にあるのは、「責任を取るだけの判断力や指導力がない」ということです。

そういう人たちを持ち上げるマスコミが、二流、三流であることは明らかだと思いますが、その程度のマスコミしか持ちえないのであれば、国民の民度もまた、そのマスコミのレベルに合っていることになるのです。

そのため、今、日本国民の民度を上げるために、さまざまな指導霊たちが霊言を送り、啓蒙に入っています。「まず教育しなくてはならない」ということで、物事の考え方を教えてくださっているのです。それを知らなければいけません。

2 日本は再び「高度成長」を目指せ

今後、日本も中国も「危機の十年」を迎える

今、非常に難しい時代に入っています。これからの十年は本当に難しいと思います。
『ザ・ネクスト・フロンティア』で、アダム・スミスは、気になる発言をして

います。彼は、「今後、日本は危機の十年を迎えるけれども、中国にとっても危機の十年だ」と言っているのです。

どちらの「危機の十年」が現実化するか。それをめぐって綱引きの行われる十年になるので、この舵取りは極めて大事です。

現実に舵取りのできる勢力を当会が持てるかどうかは分かりませんが、少なくとも、まずはオピニオンで引っ張らなければいけないと考えています。

中国の場合は経済と政治の戦いです。「経済が勝つか、政治が勝つか」ということが、この十年の戦いだと思います。

「政治体制など、どうなってもよいので、自分たちが、経済的に、もっと豊かになり、楽になれたらよい」というような方向に、国民全体が雪崩を打つか。それとも、国家統制型の軍事拡大をしている政府が、軍事統制で国民を抑え込んでしまうか。この戦いが起きると思うのです。

例えば、中国漁船の船長の逮捕をめぐる問題で、日本と中国とが揉め、要人同士の会談が中止になったり、希少資源の輸出が制限されたり、日本人が中国で逮捕されたりと、いろいろなことが起きていたときにも、秋葉原辺りでは、中国人の観光客が、大勢、ウロウロと歩き回っていて、炊飯器などを買っていました。

これでは分裂しています。徹底はしていません。

今のところ、中国人の観光客たちは、日本で頭を殴られたりはしていないようなので、日本は、けっこう大国なのだと思います。

日本が寛容な国であるため、彼らは、街を歩いていても、安心し切っているようです。「日本人は、すぐに手を上げたりする民族ではない。日本では、中国のように警察がすぐ捕まえに来たりもしない」と思っていますし、「罠にはめられて逮捕されたりする国でもない」ということが分かっているのでしょう。

ともあれ、中国にも〝大国〟としての自負はあるとは思うのですが、今後、

「経済と政治のどちらが勝つか」という戦いが起きてきます。

『ザ・ネクスト・フロンティア』で、アダム・スミスは、「携帯電話網で中国政府を崩壊させたい」と述べていますが、「情報革命」対「軍事的な一党独裁」の戦いが、これから起きるわけです。

かつてソ連では「情報公開」が行われましたが、民衆に情報が下りたあと、まもなく政府が瓦解してしまいました。

それを中国政府は知っているので、そうさせないために、〝ネット警察〟が、インターネットなどの情報をチェックし、政府にとって都合の悪いものに対しては、すぐ取り締まりに入っています。今は、そういう状況ですが、いずれ、こうしたことはできなくなってくるでしょう。

日本には中国から観光客がたくさん来ていますが、今、日本に来るのは、よいことだと思います。「何らかのショックを受け、価値観が変化するのではないか」

と思うからです。昔、日本人がアメリカに行ったとき、ショックを受けて帰ってきたように、おそらく、何か感じるものがあるはずです。

ところで、『ザ・ネクスト・フロンティア』でも言及していますが、「銀座の宝飾店の外壁に五十センチの穴を開けて、店に忍び込み、高級腕時計など三億円相当の商品を盗って逃げた中国人窃盗団が香港で捕まった」という出来事がありました。

これに関して、私は、最近、「中国人窃盗団というものは、もしかしたら、国家公務員たちなのではないか。中国の国家公務員が日本で盗みをしているのではないか」という思いを、若干、感じるようにもなりました。

「国のレベルでは島を取る。個人のレベルでは宝石などを盗る。そのようなかたちで働いているのではないか。演習として、日本の防衛体制や警備体制をチェックしているのかもしれない」と思えなくもないのです。

ただ、「盗りに来る側」より、「盗りに来られる側」のほうが裕福なのは、間違いないでしょう。

日本は経済的な面で巻き返すべきである

日本は、もうそろそろ、考え方を変えなければいけません。そういう時期が来ています。

戦略として、大きくは二つあると思います。

一つ目の戦略は、平和的な方法であり、「経済的な面で、中国に、あっさりと負けを認めるのではなく、巻き返す」ということです。

中国は、今、「経済大国として、ＧＤＰ（国内総生産）で世界二位になり、日本を三位に落とす。そして、日本との差を、どんどん開いていく。アメリカには、五、六年で追いつき、追い越す」というような設計図を描いており、日本をすでに抜き去ったつもりでいるようです。

しかし、日本としては、そうならないように、「得意の経済で頑張る」という手も一つあると思います。ゼロ成長や、一、二パーセントの成長ではなく、根性を出し、十パーセント成長を目指して頑張るのです。

全国各地が、みな、十パーセント成長を目指して頑張れば、再逆転が起きるので、「経済的に盛り返す」という手はあります。

国民一人当たりで見ると、日本は、まだ中国の十倍の生産性を持っています。中国の生産性が十倍にならなくては日本と同じにならないのです。

したがって、日本は、高付加価値の世界で、もっともっと戦いを続ければ、まだ伸びる可能性はあります。現時点では、いろいろなところで抑制が効いており、自主規制などによって、手をつけていない分野がたくさんあります。そのあたりで、新しい道を拓いていけば、成長する余地はまだあるのです。

ちなみに、海江田万里氏は、菅内閣で大臣（経済財政担当相）になると、菅首相の従来の発言とは異なり、私の経済論と同じようなことを言っていました。おそらく、私の著書を読んでいて、シンパなのではないかと思いますが、「財政再建一辺倒ではないかたちで、強い経済を実現していく」という趣旨のことを言っていたのです。その方向でよいと私も思います。

中国の経済は、毎年、十パーセントぐらい伸びているのですから、日本は、ゼロ成長や、一、二パーセントの成長では駄目で、十パーセントを目指して頑張るべきです。そこまで行けない場合でも、やはり、数パーセント程度の経済成長に戻さなくてはなりません。それを実現しようとすれば、できなくはないのです。

「デフレ脱却」を目標にした戦略を立てよ

経済を萎縮させようとしたら、本当に萎縮してしまいます。デフレ経済を是認して、デフレの悪循環のなかに入ってしまえば、経済の規模は大きくなりません。

やはり、「大きくしよう」と思わなければ、大きくはならないのです。

そのためには、財務省と日銀を叱り、彼らに考え方を改めさせればよいのです。それで済むことです。今、彼らには、日本の経済規模を大きくする気がなく、「小さくして、中身だけをよくしよう」と考えているようなところがあるので、ここを叱らなくてはいけません。

しかし、残念ながら、現在の総理大臣や財務大臣には、そういう力がなさそうなので、変だとは思うものの、なぜか、宗教家である私が叱りまくっている状況です。ただ、私の言うことは、いつも当たっているので、しかたがありません。

「儲けられる者から儲けろ」という言葉もありますが、「分かる者から批判せよ」という言葉もあってよいと思うので、言わざるをえないのです。

中央銀行による資金供給が遅れたために、デフレが長引いているのですが、日銀の人たちには、それが分かりません。彼らは、学者型の勉強をしすぎて理論倒れに終わっており、「世間の人たちが実際は何をしているのか」ということが分かっていないのだろうと思います。

日本経済を成長させようとすれば、成長できます。経済成長は可能なのです。日銀などは、「その軌道に乗せると、インフレが怖い」と言うのですが、すでに二十年ぐらいデフレが続いているのに、なぜインフレを恐れるのか、私には分かりません。

ほぼ二十年間、デフレであるにもかかわらず、「ハイパーインフレーションが起き、一万円札が紙くずになるかもしれないので、大量の資金供給はできない」というように考えるのは、おかしな話です。「経済学という学問は役に立たないのではないか」と心配になるぐらいです。

また、誰が財務相になっても、官僚に一時間ほどレクチャーをされると、考え方をコロッと変え、「増税」「国債抑制」の路線になってしまいます。

財務省の官僚などは〝恐怖のワンパターン論者〟であり、何十年も、同じようなことを言い続けています。

しかし、戦後の日本経済を見ると、経済の規模は大きくなってきていますし、経済の規模が大きくなるにつれて、国債の発行額も増えてきています。

ただ、国債の発行額が増えても、それが十分な投資効果をあげたならば、すなわち、そのお金によって国のインフラをつくり、産業基盤を整備して、経済が大きくなってきたのであれば、それは成功なのです。

現に、日本は、世界の最貧国に近かったような状態から、世界第二位の経済大国にまで上り詰めたのです。

それは、民間で言えば、銀行からの借入金で小さな会社を起こし、それを大会社にしてきたようなものです。それと同様のことが国家レベルで起きたのであり、それが経済的に間違っているわけではありません。
あとは、「目標と戦略」がきっちりとしていればよいのです。

日本がギリシャのような経済危機には陥らない理由

今年、国際会議の場で、「ギリシャのようになるぞ」と言われ、怯えて帰ってきた財務相（現在の菅首相）もいましたが、彼は経済音痴なので、日本とギリシャの違いが分からないのでしょう。

国債を外国に買ってもらっているのであれば、外国からお金を借りていることになるので、外国がお金を引き上げると、とたんに日本は倒産状態になります。

しかし、日本の国債を買っている人の九十五パーセントは日本人です。いわば銀行預金の代わりに買っているのです。そのため、このお金は、国外に逃げていきようのないお金です。したがって、日本は潰れるはずがありません。

また、日本には国としての資産もあるので、実際の負債部分は、だいたい三百兆円ぐらいしかないと見ることができます。

そして、国民の資産は一千四百兆円か一千五百兆円ぐらいあるのです。

このように、日本では、国に対して国民が債権者ですが、日本自体は外国に対して債権国です。日本は外国に債務を負ってはいません。

アメリカは、外国に対しても債務国ですし、国民に対しても債務国です。日本とは事情が違うのです。

こういうことを知っていれば、「日本はギリシャのような経済危機には陥らない」ということは最初から分かります。

むしろ、今、日本に必要なのは、やはり、経済の軌道を、もう一段、成長軌道に乗せることです。これが、国の防衛上も非常に大事なことだと私は思います。

日本がまた勢いづき、経済的に伸び始めると、他の国々は、「さすが先進国だ。

追いつけないかな」という感じを受けるでしょう。

やはり、この部分で頑張らなくてはいけません。

国内の経済基盤を守り、適正な値段での経済繁栄を

日本には、中国の安い人件費に依存し、安売りでボロ儲けをした企業も多くあります。そういう企業は、ライバル企業を潰していったと思います。

しかし、もう少し、「国の経済基盤を守る」という考え方に改めなくてはいけないでしょう。

お互いに、よく話し合い、過当競争で潰し合うことのないようにし、適正な値段で経済繁栄をしないと、「デフレスパイラル」に入っていきます。抜け駆けをし、どんどん安売りをしていけば、最後には全部の企業が潰れてしまうのです。

今は、「国内の経済を守る」という観点で話し合わなければいけない時期です。

経済が緩やかに成長していくほうが、全体的には幸福感が強いのです。

「物価が安くなったので、楽になった」という言い方もありますが、「給料も安くなったでしょう。それでもよろしいのですか」という言い方もあるわけです。

『ザ・ネクスト・フロンティア』の第1章でも言及していますが、菅首相が、厚生大臣だった一九九六年に書いた本には、「東京都二百万人構想」なるものが出ていました。それは、「東京都から一千万人以上を放り出す。そうすれば、都内の土地の値段は下がり、誰もが庭付きの家に住める」というような戦略です。

確かに、二百万人は庭付きの家に住めるかもしれませんが、追い出される一千万人は、いったい、どうなるのでしょうか。また、人口が二百万人では、東京は中都市ぐらいになってしまいます。それで、国は、いったい、どうなるのでしょうか。おそらく、弱くなるでしょう。

そんなことも分からないような人が、今、日本の国家運営をしているのです。

したがって、日本は、きっちりと方向づけをしなくてはいけません。今はアメリカが停滞しているのですから、むしろ、アメリカに追いつくことを目指して、もう一段、頑張るべきだと思います。

日本の「強み」で戦うとしたら、それが一つあります。

そして、追いついたあとは一気に離していくのです。それは可能です。日銀総裁と財務大臣を、それなりの人に替えれば、日本経済は、あっという間に変わります。

あるいは、二年ほど前に私が提案したように、メガバンクから三十兆円ぐらい紙幣を発行し、それを企業への融資に使えばよいのです（『日本の繁栄は、絶対に揺るがない』参照）。

それは、法律を改正すればできることです。それを実行していたら、今ごろは景気がもう少し回復しているでしょう。少なくとも、五、六パーセント程度の成長軌道には乗っているはずなのです。

「円高」は長期的には日本に有利に働く

私のような宗教家が、なぜ、このようなことを説かなくてはいけないのでしょうか。悲しくて悲しくて、しかたがありませんが、政治家や官僚などに経済のことが分からないのであれば、分かる者が言うしかないのです。

若いころの私は、「偉い人たちは、いろいろなことをよく知っているのだろう」と思っていました。若いころは、他の人たちが立派に見えるのですが、今の私の年齢になると、悲しいことに、そうは見えなくなるのです。

彼らは、外国為替についても、全然、分かっていません。「輸出と輸入は、どのような関係にあるか」ということも分からないレベルで、判断をしているらしいことが、私には感じられます。

「円高」は、日本にとって、長期的には、絶対、プラスに働きます。

当面は、輸出が滞り、輸出代金を引き下げるため、輸出産業が困るように見えます。しかし、日本では、原産品、原産物の輸出はほとんどなく、通常は、輸入した原材料等を加工して輸出しています。円高になると、輸入代金も下がります。したがって、輸出代金が下がっても別に構わないのです。

現時点で困るのは、円高になる前に輸入代金をすでに支払っているものの分と、すでに値段が決まっていて変えられず、円高後も輸入代金が下がらないものの分です。

この分の在庫調整が済むまでは、おそらく一年から一年半ぐらい、不況に見える面があるでしょうが、先行きにおいては、そうはならないことが、はっきりと分かっています。

また、「円が強くなる」ということは、「国としての信頼感が増す」ということなので、〝有事の円〟という位置づけになっていけば、非常に有利になります。

日本の国債は、今、その大部分を日本人が持っていますけれども、円に信頼がつけば、円建て国債に対して、外国からの投資を呼び込むことが可能になります。いざとなれば、現在以上に大きな規模の投資をするために、外国から資金を集めることも可能です。

今、円は、世界で最も信頼されている通貨になってきつつあるのです。

したがって、新しい産業、大きな未来産業をつくろうとしたり、防衛関係で、大きなイノベーションを起こそうとしたりするのであれば、外国からの資金を円で受け止めて行う可能性もまだあるわけです。

3 「外交」や「防衛」のあり方を変革せよ

明治時代の日本人は、外国からの借金で日露戦争を戦った

日本にとって、もう一つの戦略は、外交や防衛のあり方を変革することです。

日露戦争の際、日本には、戦争を遂行するだけの資金がなく、高橋是清がヨーロッパを駆けずり回り、外債を募集して戦費を集めました。外国からの借金で戦って勝ったのが日露戦争なのです。

今の日本は、そのような状態ではありません。前述したように、外国からの借金はなく、国内では個人がかなり資産を持っています。

明治時代の日本人は、お金がないときでも、国防のために、一生懸命、頑張っ

ていました。

私の著書『未来への国家戦略』（幸福の科学出版刊）でも述べましたが、高橋是清が日露戦争の戦費調達役を仰せつかったときの逸話として、次のような話が遺っています。

高橋是清は、新橋かどこかの料亭に招かれ、「頼む！　君以外に、できる人はいないのだ。頼むから、外国を回り、得意の英語で資金を集めてきてくれ」と泣きつかれ、何度も断ったものの、最後には、とうとう断わり切れなくなり、「分かった。引き受けた」と言ったところ、その場にいた者たちは、男同士で抱き合って泣いたのだそうです。

当時の日本人は、国防に関して、それほど強い危機感を持っていました。国家的な危機のなかにあって、「このままでは日本は滅びる。バルチック艦隊が来て、ウラジオストックに入られたら、日本は終わりだ」というような思いを抱いていたのです。

そして、日本は、国力が日本の五倍とも十倍とも言われていたロシアと戦い、判定勝ちを収めました。あれは、二十世紀における、大きな事件の一つであったと思います。

ところが、今の日本では、国民が、これほど多くの資産を持っていて、国が豊かであるにもかかわらず、防衛的な発想が、まったくと言ってよいほどありません。これは考え方の問題だろうと思います。

そこで、私は、「日本は銀座の宝飾店と同じようなものである。したがって、ガードマンを雇うお金をケチってはいけない」と言いたいのです。

偽物を売っているところは別ですが、高級品を売っている宝飾店では、たいてい、ガードマンが立っています。客の入りは少し悪くなりますが、あれは、客の選別を行い、金持ちしか店内に入らないようにしているのです。

外交は、まず「言葉」から始まる

中国にとって、日本は〝狙いごろ〟です。そのため、「島を取られるおそれがある」と私は指摘していたのですが、それが早くも始まりつつあります。

中国は〝口一つ〟で島を取りにかかっているのですから、すごいものです。こうなると、軍隊は要りません。「わが国の領土だ」と口で言っただけで、そうなりそうなのです。

中国は、沖縄に対しても、「琉球と言われたころには中国の領土だった」と言い始めています。

口だけで領土を取られていったら、たまったものではありません。

西日本の中国地方も、「〝中国〟と名が付けば中国だ」とか、「もとは中国領土だったはずだ」とか言われてしまうかもしれません。

また、「大和朝廷（やまとちょうてい）のあった奈良（なら）の辺りを見ると、中国建築が数多く建っているではないか。あそこは中国の植民地だったのだ。戻（もど）せ！」などと言われたら、困ります。

ところが、日本政府の対応を見ると、やはり口が下手です。

国内で使っている、官僚（かんりょう）の答弁風の、自分に責任がかからないようにする言い方を、外国に向けても使っています。「遺憾（いかん）である」「法律に則（のっと）って、粛々（しゅくしゅく）とやっていく」「地検がそう判断したのだったら、それを了（りょう）とする」など、訳の分からない言い方をして、自己防衛に走っているのが分かります。

しかし、中国は、もっとすごいのです。「日本の領海内で日本が逮捕（たいほ）した人を、日本で裁判にかける」と日本側が言ったら、「釈放（しゃくほう）しろ！」と言い、釈放したら、「損害賠償（ばいしょう）をしろ！」と、目茶苦茶なことを言ってきました。また、中国のインターネットの掲示板には、「日本に原爆（げんばく）を落とせ！」という意見まで載（の）りました。

向こうは言いたい放題のことを言っているので、日本も、もっと明瞭な言葉を使って、言い返さなくてはいけないのではないでしょうか。

私は、「外交というものは、まずは言葉から始まるものだ」と考えています。武力での衝突が起きる前に、言うべきことは言わなくてはいけません。

尖閣諸島は日本の領土なのですから、中国に対し、「文句があるなら、国際司法裁判所に提訴して、争おうではないか」と言えばよいのです。その場で争えば、日本の領土であることが確定します。

中国側は、それをせず、口だけで領有権を主張し、政府公認デモや日本商店破壊で、実際に自分たちのものにできるような感じでいるので、よくありません。

日本は、「核兵器の研究に入る」と言う勇気を持て

日本は、中国の人たちから、「尖閣諸島は中国領なのに、日本は勝手に中国の

領域内に入り込み、中国漁船の船長を逮捕して、裁判にかけようとした。けしからん。そんなことをするのなら、原爆を落とすぞ」と言われたのであれば、「ああ、そうですか。では、わが国も核兵器の研究に入ります」と、一言、言えばよいのです。

「日本の技術力をもってすれば、核兵器の開発は簡単です。なぜ、今まで我慢していたのか、分かりません。日本の技術者たちは、みな、力が余り、困っているようなので、核兵器の研究を開始させます」と言ってみてはどうでしょうか。

日本は、核兵器を開発しようとすれば、開発できるのです。

フランスあたりから、原子力発電用のプルトニウムを大量に輸入しているので、かなりの量を保有しています。原子爆弾であれば五千発ぐらいつくれるだけの量のプルトニウムを持っているのです。

したがって、日本にも、ブラフというか、向こうを脅すぐらいのことはできるのです。それをしないのであれば、権利の上にあぐらをかいているだけでしょう。

せめて、そのぐらいは言わなくてはいけません。

尖閣諸島の周辺で、日本が中国漁船を拿捕したり、日本の漁師が魚を釣ったりするだけで、今後も、「原爆を落とすぞ」と脅され続けるのであれば、日本も、いつまでも我慢はできないでしょう。

日本にも核兵器を開発する技術はすでにあるのですから、勇気がないだけのことなのです。

憲法九条は、他の国が平和を愛していることが前提

今後、アメリカは日本防衛から引いていくことが予想されるので、今、引き止めに入っているわけですが、「そう長くは戦力を留めてくれないのではないか」と思われます。

かなり強い財政危機のなかで、アメリカの現在の実質的な国防費は、国家予算の四十パーセントを超えており、ここを削るのが最も楽であるため、どうしても削っていくと思われます。

そのため、「アメリカが日本防衛から退いていく流れ自体は止まらないのではないか」と考えています。

アフガニスタンでは、まもなくアメリカ軍の撤退が始まり、事実上の敗戦が決まるので、アメリカの戦闘意識はかなり落ちてくると思うのです。

したがって、やはり、「日本独自で、ある程度、防衛する」という考え方を持たなくてはいけないでしょう。これは決して、他人事ではありません。「自分の国の国民の命や財産、文化を守る」というのは大事なことなのです。

そして、どの国にも、他国を侵略する権利はありません。

民主党を支援している日教組は、日本国憲法の第九条が定める「平和主義」を、一生懸命、子供たちに教え込み、「憲法九条を堅持する」ということを、約六十年間、方針にしてきているのでしょう。

憲法九条では、確かに、「国際紛争を解決する手段としての戦争の放棄」や「戦力の不保持」が定められています。

ただ、日本国憲法の前文には、「平和を愛する諸国民の公正と信義に信頼して」と書いてあります。その前提の下に、憲法九条では、「戦争を放棄し、一切の戦力を持たない」と定めているのです。

ところが、北朝鮮や中国が「平和を愛する諸国民」でなかった場合には、憲法前文の前提条件が崩れます。〝平和を愛さない国民〟に取り囲まれていて、攻められるおそれがあるなら、そのあとの九条については条文の解釈だけでも変えるべきです。少なくとも、「集団的自衛権を行使できる」というぐらいの解釈には踏み込むべきでしょう。

「国連軍に動いてもらう」と考える人がいるかもしれません。しかし、国連の安全保障理事会の常任理事国には中国やロシアが入っており、安保理の決議に対する拒否権を持っているので、中国やロシアが反対に回る場合には、国連軍は動けません。そのため、「北朝鮮や中国から日本を守るために、国連軍が動いてくれることは、ありえない」と思わなくてはいけないのです。

したがって、少なくともアメリカがまだ日本の友人である間は、日米が一緒に活動できるようにしておく必要はあると思います。

ただ、アメリカも、自分で自分の国を守る気がないような国を、それほど支援してくれるとは思えないので、退くときには、本当に、あっさりと退いていくでしょう。そのときは危険なことになるだろうと思います。

現在の中国政府は〝ヒトラーのナチス政権〟のようなもの

最近の霊言集を読むと、中国政府の裏にはヒトラーの霊が入り込んでいるようです（『国家社会主義とは何か』〔幸福の科学出版刊〕参照）。

実際、中国政府がやることを見ていると、だんだん、ヒトラーのやり方に似てきており、本当に、それらしくなってきました。今の中国政府は、ものすごい拡張欲と領土的野心を持っているので、それを見誤ってはいけないと思います。

もし、ヒトラーのナチス政権が日本の近くにあるとしたら、日本は、どうなるでしょうか。その場合には、物事をすべて善意だけで考えてはいけないと思います。ヒトラーのナチス政権は、最終的には、ホロコーストを行い、ユダヤ人を皆殺しにしようとしたのです。

したがって、きちんと、事前に、「守るべきものは守る」ということをしなくてはいけないと思うのです。

私の予想では、尖閣諸島の海域に、次は中国の偽装漁船が出てくると思います。要するに、武装している漁船です。それは、外からは漁船に見えるけれども、一皮剝くと、実は、漁船に偽装した軍艦なのです。

このような軍艦が、漁船に紛れて、たくさん入ってくると思われるのですが、海上保安庁の巡視船は十分な武装をしていないので、巡視船が沈められたりするようなことが、次に起きると思われます。

砲弾を撃ち込まれ、巡視船が沈められても、中国側から、「中国の領域内に勝手に入ったからだ」などと言われるでしょう。次に起きるのは、そういうレベルのことです。

巡視船は大砲を積んでいませんし、立派な機銃を装備しているわけでもありません。あれは、軍艦の形をしているだけで、軍艦としての〝中身〟がほとんどないのです。海難救助ぐらいが仕事の大部分であり、領海侵犯の船に対しては警告程度しかできないため、砲弾を撃ち込まれたりすると、沈められる可能性がかなり高いと思います。

そして、巡視船が沈められてからでなければ、海上自衛隊は出てこないでしょう。

そのような状態が次に来ると思います。

そのとき、今の政府の執行部には、どのような判断ができるでしょうか。「とにかく、中国の船には近寄らないように」などと言うぐらいのことしかできず、尖閣諸島の海域から退いていく可能性は高いのです。

無利子国債を発行してでも、防衛体制の整備を

内閣支持率など、日本国民の意識は、マスコミ各社によって報じられますが、

残念なことに、「日本のマスコミも国民も、自分たちが世界のなかで占めている地位についての見識が、実情と釣り合っていないのではないか」と私は思います。

アジア諸国は、日本に対して、おそらく、「きちんと正論を言ってほしい。正しいことを、しっかり主張してほしい。間違ったかたちで権力の行使をする国に対しては、それを指摘し、その行為を押しとどめる力になってほしい」と思っていることでしょう。

アメリカがアジアから退いていく流れのなかでは、それは日本がやるしかないのです。「日本が、きちんとアジアの利害を代弁してほしい」という願いは、アジア諸国のなかに、きっとあると思います。

したがって、日本は、もう一段、レベルアップし、アメリカのイコールパートナーのレベルにまで達しなければいけないのではないでしょうか。

これは、「政権が、自民党にあるか、民主党にあるか」ということには関係なく、どちらの政権であっても、おそらく、そう言えると思うのです。

特に、菅首相に対しては、「〝奇兵隊内閣〟と言うのであれば、『高杉晋作がやったことは、いったい何なのか』ということを、よく考えてみなさい」と言いたいところです。

彼は国を守るために戦ったのです。それで有名になったのです。やっていることが全然違うではありませんか。

したがって、「あなたの内閣は〝詭弁隊内閣〟で終わっています。このままでは駄目ですよ」と、私は言いたいのです。

民主党政権は国防予算をカットするのが得意ではあるのですが、私としては、「場合によっては、無利子国債を発行してでも、防衛体制を整備しておいたほうがよいのではないか」と考えています。

「十兆円ぐらいあれば、ある程度の防衛体制はつくれるのではないか」と思います。その程度のことは、してもよいのではないでしょうか。それは、おそらく、日本の経済を守る意味でも大事だろうと思うのです。

今回の尖閣事件で、中国は、すぐに資源貿易のほうにまで圧力をかけてきましたし、中国に呼ばれて現地に赴いた日本人社員を逮捕したりしました。そのようなことにまで発展しているので、中国との関係において、経済活動だけを分離することはできないでしょう。

やはり、国民を守るだけの一定の軍事力は、外交の担保として必要だと考えます。

これは、神仏の目から見ても、間違ったことではないと思います。

4　侵略国家は許さない

北朝鮮は早く解体しなくてはならない

中国に対しては、やはり、「侵略国家は許さない」という線を、きちんと引くべきです。

北朝鮮に対しても同じです。「あれほど無法なことをしていても、何ら裁きを受けていない」というのは、やはり、おかしなことです。

国内的に見ても、北朝鮮から脱走したい人は大勢いて、それを政府が強圧的に押さえ込んでいます。脱走しようとした人たちは、捕まえられ、拷問にかけられている状況なので、この国は、早く解体してやらなくてはいけない国家です。

「国際国家として情けない」と強く感じています。

「クロッシング」という映画にも描かれていましたが、この国の人たちは、とても惨めな生活をしているので、かわいそうな限りです。

今、誰かが、勇気を持って、日本の国論を変えていかなくてはなりません。

ただ、現在の、あまりにも左翼に寄りすぎた政権では、残念ですが、中国の配下になっていく以外に道がないように思われます。現政権には、それが平和主義だと思っているようなところがあるからです。しかし、中国に懺悔するのは、死んで地獄に行ってからにしていただきたいものです。

「生きている日本国民たちを守らなくてはいけない」と私は思いますし、この世に〝新しい地獄〟をつくりたくはありません。例えば、日本が植民地になり、この世にいる日本人たちが、みな、ひどい目に遭わされたりしたら、日本に大きな地獄が新たにできてしまうので、そうはさせたくないのです。

この十年で、それが決まるのでしたら、やはり頑張るしかないと思っています。人気があろうが、なかろうが、やはり、「言うべきことは言う」という姿勢を貫きたいと考えます。

救世主が登場しなければならない時期が来ている

まだ歴史は確定していません。

したがって、まだ、変えることは可能です。

そして、舞台装置としては、やはり、「救世主が登場しなければならない時期が来ている」という気がします。

国際レベルでの危機を、警告しなくてはいけない時期が迫ってきていると思うので、その発言に相応する、教団（幸福の科学）の勢力と政党（幸福実現党）の勢力、国際分野での広がりを持ちたいと考えています。

幸福の科学は、今、インドで、かなり広がってきていますが、インドで幸福の科学の信者が増えることで、「日印同盟」のようなものが結べるようになれば、それも、中国に対する一つの抑止力にはなるだろうと考えています。

また、今、アフリカにも広がっています。アフリカにも、「日本との関係を強くすることによって、今後の未来が拓ける」と思う国が増えていけば、それも中国に対する圧力になるでしょう。

日本には、まだまだ、アジアやアフリカの国々を引っ張っていける力があるので、共に繁栄をつくっていくことができると思っています。

前述したように、日本国憲法は、平和を愛する諸国民の公正と信義を信頼して、「国際紛争を解決する手段としての戦争を放棄し、戦力を保持しない」ということを定めているので、前文が前提としていることが違ってきたのであれば、考え方を変えたほうがよいでしょう。このままでは、うまくいかないと思います。

自分で自分の首を絞めている人は救いようがないので、やはり、憲法を直すべきです。

何とかして、早いうちに「保守回帰」をさせなくてはいけません。

「自民党だ」「民主党だ」ということには関係なく、まっとうな考え方を持ち、「国益と国民を守る」ということを、本当の意味で、きちんと実践する政治家が、この国を統べることによって、正しい政治ができる状態に戻さなくてはいけないと考えています。

中国に対して、日本から「高い宗教文化」を逆発信したい

今回の尖閣事件で、沖縄や九州辺りの漁民たちは、十分な危機を感じていると思います。「向こうは好き放題ができるのに、こちらは何もできない」という状態であれば、下手をすると、もう漁に出られないかもしれません。

今年の四月には、麻薬密輸罪によって、日本人四人が中国で急に処刑されてしまいました。日本政府が慎重な対応を求めたにもかかわらず、中国は、あっさりと四人を処刑してしまったので、日本側には実態の調べようがありませんでした。完全になめられているのは間違いないでしょう。

また、中国の国民は大勢で日本に炊飯器を買いに来ています。「植民地化を前提にして、下見に来ているのかな」と思えなくもありません。東京は、すでに中国からの買い物客で溢れており、中国語の表示も目につきます。

これは、日本の財界も悪いのだろうと思います。国内の企業を、もう一段、盛り立てる努力をしなくてはいけないでしょう。

そして、できれば、中国で経済が政治を打ち負かす方向に誘導していかなくてはならないと思います。何とかして、そこまで持っていきたいものです。

幸福の科学は、今、思想的な面で中国に楔を打ち込んでいるところではあるのですが、向こうは軍隊を持っているので、なかなか大変です。

中国では、当会の信者は、「信者」と言うと危ないので、「読書会員」というかたちになっています。読書会員は広がってはいるものの、教団ＰＲのためのインタヴューを受ける際には、顔も名前も出さずに応じているような状態です。

中国の場合、民衆のレベルでは、宗教心がないわけではないのですが、国家体制は、やはり悪いのです。神の目から見ても間違っている部分については、やはり直していきたいと思いますし、そういう国が、強い力を持って世界を支配するようなことは、絶対に、よくないのです。

したがって、私は、中国に対し、日本から「高い宗教文化」を逆発信し、啓蒙（けいもう）していきたいと考えています。

第5章
宗教の復活

2010年10月11日
愛知県・愛知県体育館

1 「ワールド・ティーチャー」として意見を述べる

毎年、重くなっている「幸福の科学の使命」

本章のテーマは、「宗教の復活」です。大きなテーマですが、今、私の願うところ、幸福の科学の願うところを率直に述べたいと思います。

私たちの使命は、この二十数年間の活動において、毎年毎年、重くなってきています。最初は、小さな範囲内での活動でしたが、今は、日本全国が視野のなかに当然入っていると同時に、世界へも目が向いています。

私たちが活動を始めたのは一九八六年ですから、正確に言えば、今から二十四年前になります。そのころには、「世界の人々の幸福に対して責任を持ちたい」

と思うところまで、まだ志は届いていなかったでしょう。

しかし、今は違いま す。「日本全国の人々、そして、全世界の人々に対して、メッセージを伝え、未来の幸福への道を指し示すことこそ、私たちの使命である」と考えているのです。

私は、この二十四年間の活動において、常に、「正しさとは何か」ということを考え続けてきました。その時点での世間の常識や文化、多数の人々の考え方などにとらわれることなく、「正しい」と信ずることを言い続けてきたのです。

時代は、あとからゆっくりとついてきているように感じられます。

むしろ、「この国において、責任を持った言論を主張することのできる人が、数少ない」という状態においては、自ら喜んでリスクを取って、発言しなければならないのではないでしょうか。

「正しさとは何か」を訴えかけ、人間の考え方そのものを変える

さらに言えば、この国の国民に対して責任を持っているはずの政治家が、選挙で当選することを目的とするために、本音を語ることができず、世論に迎合して、いわゆるポピュリズム（大衆迎合）に陥っています。たいへん残念です。

これに関して、私は、「マスコミ主導型の政治に間違いがある」と、何度も指摘しました。しかし、最近では、いささか考えが変わってきており、「『マスコミが悪い』と言うだけでは、解決しない」ということも感じるようになりました。「そのもとにあるもの、すなわち人間の考え方そのものを変えるための努力をしなければならない。つまり、『正しさとは何か』ということを、もっともっと訴えかけなければ、その使命が果たせない」と感じるようになったのです。

もちろん、マスコミが現在の政治に与える影響は大きいと思います。ただ、根

本は何かといえば、それは「価値判断」です。

そして、その価値判断のもとにあるのは、「何が正しいか」ということだと思うのです。

遠い昔のことについて、「何が正しかったか」ということは、過去を振り返ってみれば、分からないわけではありません。しかし、現在ただいま、あるいは、これから起きる未来のことに関して、「何が正しいか」を断言するのは、非常に難しいことであろうと思います。

その意味において、私は、もうマスコミを責めるつもりはありません。

政治家が本来の使命を果たせていないのならば、やはり、「宗教家が、先陣を切って、責任を取り、使命を果たすべきである」と考えています。

全世界の人々に、幸福な未来をもたらすために

私の著書の読者は、日本をはじめ、全世界に数多くいます。そのなかには、私たちが今言っていることを、素直に受け入れられる人もいれば、若干、立場が違うように感じる人も、おそらくいるでしょう。

しかし、これから私が述べることは、日本においては、「国師」としての意見です。国師・大川隆法、何者をも怖れることなく、「正しい」と信ずることを述べるつもりです。

そして、それは、「日本一国のためではない」ということを明言しておきます。私は、「国師」のみならず、「ワールド・ティーチャー」(世界教師)としての立場で、世界の向かうべき方向を述べたいと思うのです。

その内容のなかには、現在、二百カ国近くある世界の国々のなかの、一部の国

家における政治の方向とは、反対に思えるものもあるかもしれません。

しかしながら、私が述べることは、「それぞれの国に住む人たちに、幸福な未来を求める権利がある」ということを前提にして立てられた議論であることを、忘れないでいただきたいのです。

2　明らかになった、中国共産党の「一党独裁体制」

尖閣沖の中国漁船衝突事件は、「人類の未来」にかかわる問題

まず、最近の時事的な問題について、述べたいと思います。

二〇一〇年九月に起きた、海上保安庁の巡視船に対する「中国漁船の衝突事件」以来、尖閣諸島の問題が、日本で話題になり、諸外国からも注目されていま

す。これは国土の領有権の問題です。

もちろん、国土の領有権をめぐる紛争というのは、世界各地でよくある話ですから、それだけを取り上げて、あまりにも大きな話にするのは問題があることは理解しています。

しかしながら、私が問題にしているのは、そのようなことではありません。

「尖閣沖での中国漁船の拿捕および船長の逮捕、そして、検察庁による取り調べ等がなされている段階で生じた、日中間の摩擦について、やはり、宗教家の立場で分析し、意見を言うべきである」と考えているのです。

私たちが問題にしているのは、中国漁船の操業の違法性についてとか、漁業権がどこにあるかとか、そういうことではありません。もっと大きな問題です。

今、問題とすべきは、「この事件が、『人類の未来をどう設計するか』ということにかかわっている」ということなのです。

　ここ二、三年、言い続けていますが、超大国アメリカが、今、さまざまな経済問題、および世界での軍事活動によって、衰退していこうとしている、あるいは、自分たちの国の使命を後退させていこうとしているように見えます。

　一方、アジアにおいては、中国が、超大国として、のし上がってきています。その意味で、今、「世界史の表舞台でスーパースターとなるべき主役が、替わるのかどうか」という分岐点に立っていると思います。

　そういう状況のなかで、「日本に何ができるのか」「日本は何をなすべきなのか」ということが、大きな問題だと思うのです。

民主活動家のノーベル賞受賞報道を遮断した中国政府

　先日（二〇一〇年十月八日）、中国の劉暁波氏が、中国の民主活動家では初めて、ノルウェーのノーベル賞委員会から、ノーベル平和賞を授与されました。彼は、中国政府により、懲役十一年の罪で投獄されている人です。

彼の主張している内容は、「共産党の一党独裁による政治体制はよろしくない。複数の政党を持った民主主義的な政治体制に変え、自由な国にするべきだ」ということです。

中国政府は、「劉氏の主張は、国家政権転覆扇動罪に当たる。国家に対する反抗、革命的な行動に当たる」と称して、彼を刑務所に入れたのです。

そして、今回の授与に関しても、劉氏を念頭に、「ノーベル平和賞を授与すれば、ノルウェーと中国の関係は悪化するだろう」と、あらかじめ、ノーベル賞委員会に圧力をかけていたようです。

これに対して、ノーベル賞委員会のほうは、「中国の圧力に屈してはいけない。大国がもたらす経済的利益のために、判断を曲げてはいけない」ということで、十一年の懲役が科せられて獄中にいる、中国の法律においては〝犯罪人〟に当たる人に、ノーベル平和賞を授与しました。そのようなことがあって、両国が、今、揉めているわけです。

日本の公共放送であるＮＨＫのニュースは、中国国内においても、リアルタイムで見ることができます。また、アメリカのＣＮＮのニュースは、全世界に放映されています。

しかし、中国の国内においては、実際のところ、劉氏のノーベル平和賞受賞を伝える、ＮＨＫおよびＣＮＮのニュースが、突然、ブラックアウトしました。要するに、テレビの画面が、その瞬間、あっという間に真っ暗になって、放送されなかったのです。

ノーベル賞の受賞というのは、普通の国においては、国民的な事件であり、多くの国民に知らせるべきものでしょう。ところが、中国では、「それを国民に知らせない」という事件が起きたわけです。

中国の政治体制は、北朝鮮と大きく変わらない

この事件と、尖閣諸島で起きた事件とを結びつけて考えてみると、やはり、日本のマスコミも、日本の現政権与党である民主党も、あるいは日本の財界も、「まだまだ甘い考えを持っていた」ということが、よく分かります。

彼らは、みな、「中国は、経済的繁栄を求めている国であるから、もう自分たちと同じ土俵に立っている」というように理解していたと思います。

しかし、「中国は、まだ、一党独裁の軍事的な専制国家である」ということが分かったのではないでしょうか。「そのような国が、隣国に、厳然として存在する」ということが明らかになったのです。

したがって、「中国は、本質的に北朝鮮と大きく変わらない」ということが、よく分かったと私は思います。

ノルウェーのノーベル賞委員会も、このように言っていました。

「中国も大国になったのだから、大国には、大国としての義務がある。大きな国家は、全世界にいろいろな影響を与えているし、周りの国々は、その大国から影響をたくさん受けている。したがって、大国というのは、批判を受ける義務があるのだ」

このノーベル賞委員会の意見は、正しいです。彼らは、「勇気ある行動をとった」と思います。

ただ、おそらく、中国の側から見れば、それは、「内政干渉であり、中国の政治方針に対する介入であって、西側の価値観の押し付けである」ということで、反発しているのでしょう。

3 「正しい価値判断」ができない現在の日本人

日本の〝経済的発展〟は〝中国の発展〟と大きく変わらないかも？

しかし、私は、日本という国について考えてみても、やはり、「同じような問題があるのではないか」という気がしています。

例えば、現在、日本の国民に対して、「あなたは宗教を信じていますか」ということを正面から問いかけた場合、「はい、私は宗教を信じています」と、同じく真正面から答えを返せる人というのは、だいたい三十パーセントぐらいしかいないだろうと言われています。

七十パーセントぐらいの人は、「いいえ、私は宗教を信じていません」と答えるだろうと聞いています。

もちろん、習俗として、あるいは習慣・文化のレベルとして、「正月に、神社へお参りに行く」「お盆にお墓参りに行く」というようなことがあっても、それは宗教を信じているからではありません。

現状では、「宗教を信じている」と言える人は、三十パーセントぐらいしかおらず、七十パーセントぐらいの人は、正面から、「宗教を信じていない」と答えるだろうと言われているのです。

そうだとすると、今、日本の国民に対して、多数決を取ったら、宗教的ではない意見が多数を占めることになるわけです。

では、「宗教的ではない意見が多数を占める」とは、どういうことでしょうか。

それは、「日本人の多くが、『何が正しくて、何が正しくないのか』という価値判断を下すことができない」ということです。

要するに、「人間を超えた、神や仏の世界において、『正しさ』というものがあり、それに向かって人間は努力していくべきである」という価値観を、多数の日本人が持っていないことを意味していると思うのです。

したがって、たとえ、「宗教を信じる」という人が三十パーセントいたとしても、結論において、「神、仏は信じない。あの世は信じない。霊は信じない。宗教は認めない」という考え方が多数を占めるのであれば、それは、「政治においても、教育においても、マスコミ報道においても、その多数が支配する」ということになるのではないでしょうか。残念ながら、それが、多数決における「日本の常識」なのです。

その意味において、「現在、日本は、外面的には発展繁栄しているように見えても、その〝経済的発展繁栄〟は、〝中国における発展繁栄〟と、そう大きく変わらないかもしれない」と、私は思うのです。

「勇気と行動力」の源泉は、この世を超えた何かを信じること

人は、人間心を超えた「正しさ」というものがあると思えばこそ、謙虚になり、この世の権力闘争などの権謀術数的な戦いを超えて、普遍的で永遠の「正しさ」とは何かを求める、崇高な心を持ち続けることができます。

しかし、そういう考え方を持たなければ、この世において、「長いものには巻かれよ」「強い者に対しては、争わずに、従うほうが得策である」「正しいことであっても、言わないほうが自分自身の得になる」というような考え方が当たり前になり、「勇気を持って提言し、世の中を変えていこう」とする人が、非常に少なくなっていくと思うのです。

現状として出来上がっている、政府だとか、法律だとか、そのような大きな体系を乗り越えて、未来社会を構築するためには、勇気ある行動が必要です。そし

て、それだけの「勇気と行動力」というものは、やはり、この世を超えた何かを信じなければ、生まれてこないのです。

例えば、日本であれば、今から約百五十年前の幕末になりますが、吉田松陰という思想家がいました。

この人は、アメリカから、ペリーが黒船（艦隊）を率いてやって来たときに、その船に乗り込み、「アメリカに留学したい」と直訴したのですが、断られてしまいます。

そのため、海外への密航を企てた罪で、国のご禁制、要するに法律に触れ、他の条件も加わりましたが、その罪がもとで、死刑になりました。

今も、非常に尊敬されている人ですが、現時点で考えてみて、吉田松陰が、ペリーの船に乗り込んでアメリカに渡り、向こうの国を見てこようとしたことに、いったい何の間違いがあるでしょうか。

それは当たり前のことです。あれだけの勉強をした思想家がアメリカへ行き、現地を見聞してきたならば、必ずや、日本を変える力が生まれたことでしょう。

また、同じく明治維新の志士のなかには、坂本龍馬という、非常に人気のある人がいます。

この人も、土佐藩（現在の高知県）を脱藩し、脱藩浪人として、日本の新しい国づくりのために活躍しましたが、当時は、そうした脱藩をすると、犯罪人になり、追いかけ回されるような時代だったのです。これも、今から考えると、やはりおかしいでしょう。

そのように、あとから考えると、おかしいことであっても、その当時、「当然だ」と思われていたことは、たくさんあるのです。

そして、それは、現在ただ今にもあるということです。私たちが生きている現代においても、あとから考えると、「どう見ても、それはおかしい」と思われるような考え方にとらわれている面が、そうとうあるということを知らなければならないと思います。

そういう状況から、未来を拓いていくのは、ごく一部の勇気ある人々です。

そうした勇気ある人々が、この地上を超えた霊天上界にある、「仏の心」「神の心」を心として行動しなければ、やはり、この世での常識や法律の力を乗り越えて向上することは、難しいだろうと思うのです。

一億総懺悔の状況でつくられた日本国憲法の「問題点」

私は、日本国憲法が制定されたときに、「日本国が、再び戦争に巻き込まれることのないように、平和国家を志したのは、尊いことである」と思います。

そして、全世界の国々が、そうした方向に向かっていくならば、それは非常によいことであるし、そのようになればよいと願っています。

しかしながら、日本国憲法制定時の日本というのは、「日本一国が大変な侵略国家であって、日本国民は一億総懺悔、総反省しなければならない」というような状況だったのです。

つまり、日本国憲法というのは、「日本以外の諸外国は、みな平和を愛する立派な国だけれども、日本だけは悪い国だ」という懺悔をしているときに、つくられた憲法であるわけです。

日本国憲法の前文においては、「平和を愛する諸国民の公正と信義に信頼して、われらの安全と生存を保持しようと決意した」ということが書かれています。

しかし、現実には、例えば、北朝鮮という国を見れば、その国民は、軍事独裁によって、経済的に非常に圧迫されていますし、拷問を受けたり、不当な人権支配をされたりして、「国から脱出したい」と考える人が跡を絶ちません。

そのような状況下において、「日本人を、多数、拉致した」、すなわち、「無理やり連れていった」ということを国家のトップが認めているわけです。

要するに、北朝鮮は、日本人を拉致したにもかかわらず、その人たちを帰そうともしないような無法状態について、何一つ恥じることがないのです。

また、中国も、「国内法でしか物事を考えていない。国際法など、国際社会における規範が通用しない国家である」ということが、今回の尖閣諸島問題で、よく分かりました。

民主党政権は、自分たちで責任を取らない「卑怯な体制」

日本は、この問題において、首相以下、きちんとした方針を貫けなかったことを、非常に残念に思います。

現政府は「地方分権」を唱えており、その考え方も一部は出ています。しかし、政府は、今回の中国漁船衝突事件における、船長の釈放について、地方分権の考え方を外交的判断の責任から逃れるために使い、沖縄県の那覇地方検察庁という役所に判断を委ねて、「政治は介入していない」などと言っていましたが、一言で言って「卑怯である」と私は思います。

やはり、外交というのは、国家の政治の中枢部において、責任を持って判断すべきことです。それを、「地方における一司法機関が、判断して決め、責任を負うべきことだ」と考えるのは、基本的に「卑怯な考え方である」と思います。

また、沖縄の米軍基地問題では、次の沖縄県知事選等で、「普天間から移転するかどうか」「県外に移設するかどうか」という問題が問われます。

これについても、現政府は、「沖縄県民の民意で判断してもらい、その結果を見て、国のほうでどうするかを考える」と言っていますが、こういうかたちでの「地方主権」あるいは「地域主権」という考え方は、やはり、基本的に「卑怯である」と私は思います。

それは、現今の政権が、根本的に、「地方や官僚に責任を転嫁し、自分たちで責任を取らない体制である」ということを意味しています。

特に今、尖閣問題に関しては、検察庁の責任にしていますが、自分たちの責任を明確にしない、あるいは取ろうとしないところは、非常に大きな問題です。やはり、このままでは、国家の行方を危険にさらすことが明白になってくると思います。

さらに言えば、その方向性は、現にある民主党だけでなく、自民党の時代に、すでに始まっていました。そういう傾向は、自民党の時代に、もう出てきていたのです。

したがって、私は、「こうした二大政党の交代だけで、民意が正確に判断できる、あるいは、民意を正確に反映できる」とは言えない状態にあると考えます。

「北朝鮮」と「中国」に対しては、憲法九条の適用を外すべき

今、憲法改正等を主張しても、なかなか通りはしませんし、世の中も、そう簡単には受け入れません。

日本国憲法の前文によると、現憲法は、「平和を愛する諸国民に取り囲まれている」という前提の下に成り立っており、第九条には、「国際紛争を解決する手段としての戦争の放棄」「戦力不保持」ということが書かれています。

したがって、私は、「そうした平和を愛する諸国民ではない」と、明らかに断定できるもの、はっきり言えば、北朝鮮のような、国民を弾圧し、核ミサイルを開発し、あるいは、「撃ち込むぞ」と威嚇してくる国に対しては、やはり、「憲法九条の適用は外してもよい」という判断をすべきではないかと考えます。

また、中国に対しては、もちろん、「平和裡に、友好的に両国が発展し、経済

交流も盛んになって、国としての友情を結べることが、本当に幸福な未来である」と思います。

しかし、残念ながら、十三億とも十四億とも言われる国民の大多数は、まだ、共産党政権の弾圧下にあり、自由にものが言えない状況にあることが、今回のノーベル平和賞受賞問題でも明らかになりました。

そのような、国民を弾圧して、自由にものを言わせないような国家に対しては、やはり、「憲法九条の適用の対象外とする」という判断をすべきでしょう。

根本的に、「自由な考え方や価値観を認める」、あるいは、「時の政府の考え方に反対するような思想を受け入れる」という態度を、国家として持てるかどうかが、やはり、大国の条件の一つだと思うのです。

いろいろな批判を受けて、改善すべきは改善し、よいところは伸ばしていくのが、大国としてのあり方でしょう。それは、大きな会社でも同じです。

今回、中国の活動家にノーベル平和賞を授与(じゅよ)した、ノーベル賞委員会の人たちは非常に勇気があったと私は思います。彼らは、それによって波乱や紛争が起きることは承知の上だったのでしょう。反体制派の人に、よく、そういう賞を出しますので、中国からの反発を受けることは、当然、予想していたことだと思います。

したがって、私は、中国の人々も、ノーベル平和賞を自国民が初めて受賞したということの喜びを、やはり、国の体制を変えていくための一つのきっかけにしてほしいと思うのです。

4　今こそ、「宗教の復活」を

中国は、「軍事的拡張」の方向に向かってはならない

今、世界の未来を見たときに、いちばんの不安定要素は、「中国という国が、どちらに向かっていくか」ということです。

つまり、世界の未来は、中国の行方にかかっているのです。

中国が、本当の意味で、「世界の平和」と「世界の繁栄」に調和する方向に進んでいくならば、世界の未来は必ず明るく輝いていくでしょう。

しかし、この国が、数十年遅れの帝国主義、あるいは百年遅れの帝国主義のようなものを、これから追求していくのであるならば、世界は大変な時代を迎える

可能性があると思うのです。

例えば、ヒトラーの時代には、ベルリンオリンピックがあり、非常に国力が高まりました。ドイツにも、国の力を誇示していた時代があったのです。

周りの国たちは、その勢いに押され、ヒトラーが近くの国の一部を占領しても、その国に「まあまあ」と言って、抑えるような宥和政策を採りました。ところが、結果的には、第二次世界大戦が起きたわけです。

したがって、そのようなことが起きないように、中国の人々も、「自分たちの国を、自由と民主主義と繁栄主義に基づく正しい方向に導いていこう」と決意し、努力していただきたいと思います。やはり、そうした努力を惜しんではなりません。

そして、そのもとにあるもの、その根拠としてあるものは何かというと、やはり、「信教の自由」「宗教を信ずる心」だと思うのです。

この世の人間は、過ち を犯し（おか）ます。そのため、一時期、間違（まちが）った政策や間違った政治理念が、ある国を、あるいは、いろいろな地域を覆（おお）うことはあります。五十年、百年と覆うこともあります。

しかし、「神仏の目」というものを常に意識しておくことによって、世界は必ず変わってくるのです。

中国の民衆にも、その底流には「信仰心（しんこうしん）」があると私は思います。中国も、かつては仏教国であったはずです。

また、孔子（こうし）をはじめとする儒教（じゅきょう）、あるいは老荘（ろうそう）思想、道教等も、水面下で民衆の心には流れています。

そうした、この世を超（こ）えた世界に対する尊敬の念というものが、中国の民衆の心には深く流れているのです。それが、今、抑えられているのです。

何のためにでしょうか。それは、統治に都合がよいからです。「政治においては、宗教を一元管理し、信仰心を抑えることは、統治に便利だ」ということでしょう。

しかし、そのような「ガバナンス（統治）に便利なので、人々を抑え込む」ということと、「十数億の人々の幸福を守る」ということを比較したとき、やはり、考え方を柔軟にする方向に、道は拓かれるべきだと思うのです。

今、中国という国は、明らかに、「覇権主義に走っている」と、世界から見られていると私は思います。今こそ、進路を変えるべきときです。

中国が経済的に発展したのは立派なことです。頑張ったと思います。

しかしながら、それを軍事予算の拡大に費やしてはなりません。「地方には、まだ貧しい人たちがたくさんいるにもかかわらず、その人たちに対する配慮をせずに、ただただ軍事的拡張のほうに向かっていくのはよろしくない」ということです。

これはワールド・ティーチャーとしての言葉です。国師（こくし）としてではなく、ワールド・ティーチャーとして、世界教師として、私は述べます。

軍事的拡張は、正しい方向ではありません。

中国の農村部においては、まだ、電気が通っておらず、道路も舗装（ほそう）されていないような所がたくさんあります。きちんとした住みかを持っていない人もたくさんいるのです。

しかし、軍事的拡張のほうに予算を使っても、それは、最終的に、幸福への道にはつながりません。そのことを述べておきたいのです。

日本には、人類を幸福へ導く使命がある

アジアやアフリカの諸国が脅（おび）える時代が、これからやって来ると思います。十三億から十四億になろうとする国民が、資源や水、あるいはエネルギーを確保す

るために、軍事的な拡張主義をとるというのは、非常に怖(こわ)いことです。まるで、イナゴの大群が、何かをあさって移動していくようなかたちになると思います。その意味でも、日本という国は、やはり、アジア・アフリカ諸国に代わって、きちんとものを言える国にならなければいけません。はっきりと意見を言えるような国にならなければならないのです。

アメリカは、偉大(いだい)で立派な国です。しかし、今、少し弱ってきています。したがって、今は、アメリカと決別すべきときではないでしょう。

日本は、アメリカと力を合わせて、世界の正しい秩序(ちつじょ)を築き、人類を幸福の方向へと導いていくことが仕事だと思うのです。

そのもとにあるのは、人々が、自由に考え、自由に意見を述べることのできる世の中をつくることです。自分たちの言論によって投獄(とうごく)されたり、死刑(しけい)にされたりしないような国をつくること、そして、その方向に世界を導いていくことが大事であるのです。

これは、ある国への偏見や介入のためだけに述べているのではありません。「その国に住む人たちの幸福のためにも、そのほうがよい」と言っているのです。日本は、先ほど述べたように、信仰心を持っている人が、まだ三十パーセントぐらいしかいない国かもしれません。

しかし、私は、今の民主党政権の首相に対して、鳩山首相、菅首相と、少なくとも二代続けて激しく批判していますが、今のところ投獄はされていないのです。その意味では、日本は、よい国です。ここが中国なら、私はもう刑務所に入っています。大勢の人々の前で法話をすることは、当然、許されないでしょう。自由に意見を言えるだけでも、この国はよいほうです。その分は、中国より進んでいると思います。

しかし、「未来を指し示す手本になるには、まだ足りない、まだ十分ではない」

と思われます。

私は、世界を「平和と繁栄」に導くために発言している

今、私たちは、静かな革命を起こしています。日本においても、それから、近隣諸国においても、アジア・アフリカ、ヨーロッパやアメリカにおいても、静かな革命を起こしています。「仏法真理」という名の真理を浸透させることによって、現代の「常識」を緩やかに引っ繰り返しつつあるのです。

私たちは、この世界を本来の姿に戻そうとしています。「この地球を、この世界を、導いていこうとするものがあり、導いていこうする方向があるのだ」ということを明示しようとしているのです。

どうか、中国の人々よ、大川隆法の言うことを聞いてください。

私は、日本の利益のためだけに言っているのではありません。中国やアジア・

アフリカの人たち、また、ヨーロッパやアメリカの人たちのためにも言っているのです。

世界を、「平和と繁栄」の方向に導きたいのです。

「世界は、新しい強大な軍事国家や〝チンギス・ハンの再来〟など必要としていない」ということを述べたいのです。

したがって、中国には、もう、軍備拡張や覇権主義をやめていただきたい。これからは、もう少し、民主主義的な考え方を、統治の原理、政治の原理として入れていただきたいのです。

そして、多元的な価値観を受け入れ、政府を批判する者をも許すような、大国の条件を備えて、日本とも対等に話ができるような国になろうではありませんか。

もう、戦争などない時代をつくりたいのです。このままであれば、必ず反作用が起きます。核兵器を持った大国が、その武力を背景にして、資源争奪のために、アジア・アフリカ諸国に圧力をかけ、ヨーロッパやアメリカに対しても、経済的な支配を強めようとしていけば、必ず「何か」が起きます。

今、ロシア、北朝鮮、中国、イランといった国々がまとまることによって、新しい火種が起きようとしています。第三次世界大戦の芽になるものが、今、できようとしているのです。

これは、何としても防がなくてはなりません。

私は、中国に、軍備拡張や覇権主義をやめる方向へ、また、周りの国への、核兵器による威嚇等をやめる方向へ、大きく舵を取ることを、世界に対して発表していただきたいのです。それは、中国の国民のためにもなることだと思います。

日本は、「他国を侵略してはならない」と言うべき立場にある

もし、中国が、そうしないのであれば、日本は、アジア世界の国々を守るためにも、もっと自立した国家になる必要があります。

そして、前節でも述べたとおり、国民を弾圧し、他国を侵略しようとする国家に対しては、やはり、「憲法九条の適用の対象外とする」という判断をせざるをえないと思うのです。

私は、そういう方向に、世界を導きたくはありません。

しかし、今、出ている予言書は、未来に対する非常に厳しい警告を、次から次へと発しています（『エドガー・ケイシーの未来リーディング』『人類に未来はあるのか』〔共に幸福の科学出版刊〕、『世界の潮流はこうなる』〔幸福実現党刊〕参照）。

その警告が正しかったことが、この一、二カ月で、明らかになってきました。来年以降は、もっとはっきりしてくるはずです。

ただ、民主党政権は、この危機を十分に理解していません。

二〇一〇年九月に行われた民主党の代表選において、菅氏と小沢氏は約二週間も論戦をしましたが、そのなかに、外交に関する議論など、ほとんどありませんでした。彼らは、完全に逃げていたのです。なぜなら、そうした議論をすると、自分たちが責められるようなことが出てくるからです。

また、日本の経済界は、自分たちの利益を大きくするために、ただただ、中国との経済取り引きの規模拡大を考えているかもしれません。

しかし、2節で述べた、ノルウェーのノーベル賞委員会の意見と同様に、「そうした経済的利益のために、正しさをねじ曲げてはならない」ということを、はっきり確認しなければいけないと思います。

その意味において、「正しいことは正しい」と言い続けねばなりません。また、日本も、万一のときには、アジア・アフリカの防波堤になるべく、きっちりとした主張をしなければならないと思うのです。

「かつての日本は侵略国家であった」という意見もあります。そうかもしれません。しかし、もし、「中国は、侵略された国家である」と言うならば、むしろ、「自分たちこそ、侵略しない。侵略国家にはならない」ということを、中国は宣言すべきなのではないでしょうか。

また、日本の過去について言えば、いわゆる「謝罪外交」が数多くあったことも事実でしょう。

しかし、先の大戦において、日本が、少なくとも三百万人以上の尊い犠牲者を出したことによって、ヨーロッパの植民地となっていたアジア・アフリカ諸国は、独立できたのです。

これが、ねじ曲げることのできない事実であることは、日本人として言わなければならないと思います。

「黄色人種は、白色人種に絶対に勝てない」という〝白人優越神話〟があったために支配され続けていたアジア・アフリカ諸国が、日本が戦うことによって独立できるようになったのです。

ただ、その次には、「黄色人種でも、帝国主義によって、他の国を支配できる」というようなことがあってはなりません。

日本が、本当に過去を反省するのならば、その反省の上に立って、「同じようなことをしてはならない」と言うべき立場にあると思います。

宗教なくして、「言論・出版・表現・行動の自由」は守れない

北朝鮮も、核武装などはもうやめて、早く、韓国(かんこく)と仲良く交渉(こうしょう)できるような平和国家になってほしいと思います。

北朝鮮の三代目に決まった金正恩(キムジョンウン)氏は、二十代の若者ですが、「お忍(しの)びで、東京ディズニーランドに来ていた」というではありませんか。来たかったら、堂々と来れるような国にすればよいのです。

ディズニーランドぐらい、いつでも来させてあげます。日本は、不当に逮捕したり、死刑にしたりしません。きちんと来れるようにしますから、国の態度を変えなさい。平和的な国家として、友好的に付き合えるようにすればよいのです。

また、今、日本のビジネスマンは、中国を怖がっています。ポケットのなかに、こっそり麻薬を入れられ、「麻薬密輸をした」と言われたら、死刑にされることになっているからです。

左翼を批判している日本の人たちも、中国に行くと、あっという間に公安に逮捕されるおそれがあるので、怖がっています。どうか、「言論の自由」を守ってください。

そして、この「言論の自由」のもとにあるのは、「信教の自由」です。信教の自由から、そういう「言論の自由」や「出版の自由」、「表現の自由」、「行動の自由」が生まれているのです。

実は、この「信教の自由」を認めないということは、「心のなかで神仏を信じる自由」さえない、つまり、「内心の自由」（心のなかで何を思うかの自由）すら認めないということになるのです。

心のなかで神仏を信じることさえできない国が、どうして、「言論の自由」や「出版の自由」、「表現の自由」、「行動の自由」を守ることができるでしょうか。それは、やはり、「いかがわしいもの」でしかないと思うのです。

結局、私が述べたいのは、このことです。これが、「宗教の復活が必要である」ということの意味だと思うのです。

したがって、私は戦いをやめません。「全世界に、この幸福の科学の仏法真理を広げたい」と強く強く願うものです。

全国および世界各国の読者のみなさん、どうか、私の本心を理解してください。

私は、ワールド・ティーチャーとして、世界の未来を拓くために、「正しいことは正しい」と言い続けます。批判するなら、それでも結構です。
しかし、私は決して信念を曲げません。それが幸福の科学です。
私たちの考えに賛同してくれる人が増えることを、心より願います。

あとがき

どうやってこれからの危機の十年を迎え撃つか。高度な知力戦である。

今朝の全国紙には、ポスト胡錦濤として、二〇一二年には習近平国家副主席が次の後継者（主席）に選ばれたことを大々的に報じている。こうした中国共産党の重要方針を決める中央委員会総会の最中に、中国各地で、尖閣列島問題に対する反日デモが大規模に行われ、日本関連の商店が破壊活動をうけている。「大国中国に帰順しなければ、いずれ日本という国もこうなるぞ。」との警告が、国家主導でなされていると思われる。日本のマスコミはこれを報じた。

一方、日本では、尖閣列島に関しての抗議デモが数千人規模で起きても、TVも新聞も、東京では無視された。もはや日本の民主主義は、国家社会主義に外堀(そとぼり)を埋められたのである。未来への指針は、本書に語られている。ただ、ただ、読んでいただきたい。

二〇一〇年　十月十九日

幸福実現党創立者兼党名誉総裁(こうふくじつげんとうそうりつしゃけんとうめいよそうさい)　大川隆法(おおかわりゅうほう)

本書は、左記の説法をとりまとめ、加筆したものです。

第1章　この国を守り抜け
——『危機に立つ日本』セミナー——
二〇一〇年五月三日説法
神奈川県・川崎市教育文化会館にて

第2章　今こそ保守回帰のとき
（原題　政治について考える）
二〇一〇年九月十五日説法
東京都・総合本部にて

第3章　宗教と政治について考える
二〇一〇年九月二十三日説法
神奈川県・厚木支部精舎にて

第4章　危機の十年を迎え撃て
（原題　『ザ・ネクスト・フロンティア』講義）
二〇一〇年九月二十六日説法
静岡県・沼津支部精舎にて

第5章　宗教の復活
二〇一〇年十月十一日説法
愛知県・愛知県体育館にて

『この国を守り抜け』大川隆法著作参考文献

『危機に立つ日本』（幸福の科学出版刊）
『夢のある国へ――幸福維新』（同右）
『日本の繁栄は、絶対に揺るがない』（同右）
『ドラッカー霊言による「国家と経営」』（同右）
『エドガー・ケイシーの未来リーディング』（同右）
『アダム・スミス霊言による「新・国富論」』（同右）
『宗教決断の時代』（同右）
『宗教イノベーションの時代』（同右）
『人類に未来はあるのか』（同右）
『世界の潮流はこうなる』（幸福実現党刊）
『小沢一郎の本心に迫る』（同右）

この国を守り抜け ――中国の民主化と日本の使命――

2010年11月1日　初版第1刷

著　者　　大川隆法

発　行　　幸福実現党
〒104-0061 東京都中央区銀座2丁目2番19号
TEL(03)3535-3777

発　売　　幸福の科学出版株式会社
〒142-0041 東京都品川区戸越1丁目6番7号
TEL(03)6384-3777
http://www.irhpress.co.jp/

印刷・製本　株式会社 堀内印刷所

ISBN978-4-86395-085-6 C0030
Photo: ©Guy Boulanger, ©Paylessimages-Fotolia.com

大川隆法ベストセラーズ・新しい国づくりのために

未来への国家戦略

この国に自由と繁栄を

国家経営を知らない市民運動家・菅直人氏の限界を鋭く指摘する。民主党政権による国家社会主義化を押しとどめ、自由からの繁栄の道を切り拓く。

1,400円

大川隆法　政治提言集

日本を自由の大国へ

現在の国難とその対処法は、すでに説いている――。2008年以降の政治提言を分かりやすくまとめた書。社会主義化する日本を救う幸福実現党・政策の真髄が、ここに。

1,000円

危機に立つ日本

国難打破から未来創造へ

2009年の「政権交代」が及ぼす国難の正体と、民主党政権の根本にある思想的な誤りを克明に描き出す。未来のための警鐘を鳴らし、希望への道筋を掲げた一書。

1,400円

幸福の科学出版株式会社

※表示価格は本体価格(税別)です。